KB219428

지저스 스푼

JESUS SPOON

당신은 자랑스런 하나님의 자녀입니다

지저스 스푼

JESUS SPOON

글·그림 오인숙

규장

66 권사님, 정신 차리세요 99

귀엽기만 하던 사내아이가 어느덧 청년으로 자라 장가를 간다며 청첩장을 보내왔다. 지하철을 몇 번 갈아타고 예식장을 찾았다. 그리 크지 않은 결혼식장에서 예식이 진행되었다. 예수님이 참석하셨던 가나의 혼인잔치 같은 결혼식에 대한 기대는 별로 없었다. 요즘에는 크리스천이라고 해도 예수님을 결혼식에 초청하는 사람이 그리 흔하지 않기 때문이다.

그런데 주례하는 젊은 목사가 뜻밖에도 하객들에게 결혼의 진수를 말하겠다며 당당하게 "예수 믿으시오"라고 했다. 신부는 피아노로 찬송가를 연주했고, 신랑은 신부를 만난 이야기로 시작해서 앞으로 두 사람의 삶을 인도하실 하나님의 이야기를 랩으로 불렀다. 예수님이 맹물을 포도주로 만들 준비를 하시곤 빙그레 웃으셨다.

예식을 마치고 식사하던 하객들이 거의 빠져나갈 무렵, 신랑 어머니가 우리 식탁으로 왔다. 생활고를 겪은 그녀는 약간 수척해진 얼굴로 신랑인 아들 이야기를 잠깐 우리에게 나누었다. 공부를 더 하는 게 꿈이었던 아들이 집안 형편에 맞춰 직장에 다니는 게 그녀의 마음을 아프게 했던 듯하다.

어느 휴일에 모처럼 모자가 나란히 앉아 TV를 보고 있는데, TV에서 요즘 유행처럼 번지고 있는 금수저와 흙수저에 대한 이야기가 나오더란다. 그녀가 아들을 보며 "우리 아들은 금수저는 아니고 동수저쯤 되려나…"라고 하자, 아들은 대뜸 어머니의 어깨를 팔로 감싸더니 이렇게 말했다고 한다.

"권사님, 정신 차리세요! 저는 지저스 스푼(예수님 수저)입니다!"

나는 그 말을 청년들에게 들려주어야겠다고 생각했다.

그런데 집으로 돌아오는 길에 "권사님, 정신 차리세요! 저는 지저스 스푼입니다"라는 말이 계속 내 마음을 건드렸다. 그 말은 청년들을 정신 차리게 하기 이전에 내 자신을 후려쳤다.

"정신 차리세요!"

내가 요즘 들어 부쩍 우울해지는 이유가 궁금했던 터였는데,

내 무의식에 자리 잡고 있던 금수저, 흙수저 때문이라는 걸 깨닫고 놀랐다. 세상의 가치 기준에 따라 금수저인 것 같은 상황이 오면 우월감이, 흙수저인 것 같은 상황이 오면 열등감이 내 마음에서 널뛰기를 하고 있었던 것이다. 내가 '지저스 스푼'이라는 것을 잊고 있었다. 그런 나에게 '정신을 차려야 한다'라며 성령님이 내 옆구리를 찌르시는 것 같았다.

그러면서 금수저, 흙수저의 논리가 놀라운 위력으로 세상 속에 어둠으로 깔려 있는 것이 보이는 듯했다. 부모들은 제 자식에게 금수저를 쥐어주기 위해 버둥대다 좌절하며 죄책감까지 느끼고, 젊은이들은 아예 꿈을 포기하고 삶을 원망하며 살아간다. 세상은 회의와 분노와 배신과 절망으로 가득 차 있는 듯하다. 교회 안이라고 다를 것이 없다.

"권사님, 정신 차리세요!"

의식 있는 한 젊은이의 이 말이 크리스천들을 향해 "정신 차리세요!"라는 경고의 말씀으로 들리는 것은 어둠이 너무 깊이 파고들었음에도 자각하지 못하고 빛을 갈망하는 회개가 없는 세대를 살고 있기 때문일 것이다.

자! 이제 우리는 금수저, 흙수저를 붙잡고 방황하지도, 그것에 휘둘려서도 안 된다. 지저스 스푼으로 살아야 한다. 나는 이 책에서 독자들과 함께 '지저스 스푼'으로 살아갈 길을 찾고 싶다.

이 책의 1부에서는 몇 편의 이야기를 들어 금수저와 흙수저에 대한 우리의 의식과 세계관을 수면 위에 끌어올려 보려고 한다. '현대를 사는 우리의 잠재의식 속에 무엇이 깊이 가라앉아 있어 우리를 움직여 가고 있는가?'에 대해 이야기하려 한다. 2부에서는 '우리는 누구인가?'라는 정체성과 '우리는 무엇을 보아야 하는가?'라는 우리의 세계관, '우리는 어떻게 살아가야 하는가?'에 대한 이야기를 나누려 한다.

기대를 가지고 이 책을 한 장 한 장 넘겼으면 좋겠다. 이 책은 예수님의 손에 들린 당신의 모습을 상상하게 하고, 생기가 넘치는 삶의 길 앞에 당신을 서게 할 것이다. 나는 당신이 그렇게 되기를 바란다. 성령님의 강한 이끄심이 있기를 기도한다.

contents

프롤로그

PART 2 지저스 스푼으로 살기

에필로그

사람은 이야기를 만들어낸다.
거기에 역사와 문화와 시대를 담고,
생각과 정서와 행동을 담는다.
그러나 무엇보다 신기한 것은
자신도 모르게 자신을 담는다는 것이다.

금수저, 흙수저도 새로운 말이 아니다.
우리의 의식 밑바닥 속에서
면면히 이어져오던 이야기이다.
단지, 이제는 적나라하게
그 모습을 드러낸 것뿐이다.

PART 1

사람이
만든
이야기

JESUS
SPOON

금도끼냐 쇠도끼냐

시간의 속도는 놀랍다. 그 시간의 속도를 따라가다 보면, 오늘 이 왔는가 싶은데 벌써 옛날로 들어서 있을 때가 많다. 나는 오래된 옛이야기들을 들으며 자랐다. 그중에는 너무나 잘 알려진 '금도끼 은도끼' 이야기도 있다.

한 나무꾼이 산에 나무를 하러 갔다가 유일한 재산이었던 쇠도끼를 연못에 빠뜨렸다. 산에 연못이 있었다니 신기하지만, 뭐, 옛날이야기니까. 어쨌든 나무꾼은 연못 앞에 주저앉아서 엉엉 울었다. 그때는 어려운 시련 앞에서 엉엉 울면 어지간히 통하기도 했던 시대였나 보다. 연못에서 산신령이 '뿅' 하고 나타났다. 산신령이 연못에 사나?

산신령은 성실하게 살았고 열심히 일만 해온 노력파 나무꾼을
시험해보기로 했다.

"이 금도끼가 네 것이냐? 아니면 이 쇠도끼가 네 것이냐?"

금도끼는 햇살에 반짝반짝 빛났고, 가난한 나무꾼
이 오랫동안 사용해온 시커먼 쇠도끼는 이가
빠져 있었을지도 모른다. 그래도 나무꾼
은 쇠도끼가 자기 것이라고 솔직히 말했
다. 그런 나무꾼에게 산신령은 금도끼
까지 주었다.

열심히 노력하고 정직하게 살면 쇠도끼가 금도끼로 바뀐다는
것을 믿었던 시대의 이야기다. 그 시대 사람들은 정직하게 노력
하면 쇠도끼가 금도끼로 바뀔 수 있다는 것을 찰떡같이 믿으며
열심히 살았다.

시대가 바뀌었다.

'도끼'는 '수저'로 바뀌었다.

금수저냐, 흙수저냐?

아무리 열심히 살고 정직하게 살아도 흙수저는 결코 금수저로
바뀔 수 없다는 정의가 진리처럼 회자되는 세상이 되었다. 금수

저와 흙수저는 출발선부터 다르다는 것이다. 금수저를 물고 태어난 사람은 100미터쯤 앞서서 출발하고 흙수저를 물고 태어난 사람은 그만큼 뒤에서 출발하니, 아무리 열심히 뛰어봤자 금수저를 따라갈 수 없다는 것이다.

그렇다면 크리스천들은 어떤 생각을 가지고 있을까?

성경 열왕기하에도 도끼 이야기가 나온다. 크리스천들은 이 이야기에 기대를 가질 수도 있다. 쇠도끼가 금도끼로 변할지도 모른다는. 요즘 성도들은 자신의 원함을 하나님에 대한 믿음이라고 착각하는 경향이 있으니.

선지자 엘리사의 한 제자가, 지금으로 말하면 한 성도가 나무를 베다가 쇠도끼를 물에 빠뜨렸다. 그는 흙수저였음이 분명하다. 쇠도끼마저 이웃에게 빌려온 것이었으니 말이다.

그가 다급히 울부짖자 선지자가 물었다.

"어디에 빠졌느냐?"

이제 그의 신통력을 믿어보기로 하자.

선지자는 나뭇가지를 베어 물에 던졌다.

그렇다면, 금도끼가 나와야 한다. 금도끼가.

결론은?

제자가 빠뜨렸던 쇠도끼 하나가 덜렁 떠올랐을 뿐이다. 플러스 된 것은 없다. 치사하다. 적어도 은도끼 하나쯤은 나오게 해야 하는 거 아닌가? 금수저가 아니라 은수저로 신분 상승 시켜주면 어디가 덧나나?

기대를 갖고 지켜보던 사람 중 두어 명은 회의를 품은 채 선지자를 떠나버렸을 수도 있다. 그 무거운 쇳덩어리가 물 위로 떠오른 기적은 그들의 세상적 기대에 미치지 못했나 보다.

선지자는 금도끼나 은도끼, 쇠도끼에 아무 관심이 없다. 도끼를 빠뜨린 사람에게 손을 내밀어 다시 쇠도끼를 잡으라고 했을 뿐이다.

잠에 빠진 토끼와 거북이

아마 모르는 사람이 없을 이 이야기는 〈금도끼 은도끼〉보다는 경쟁의 시대를 살아가는 우리의 감각에 좀 더 잘 맞는 이야기일지도 모르겠다.

어느 날 토끼와 거북이가 만났다. 요즘은 서로 다른 부류끼리는 만나지도 않지만, 그때는 옛날이었으니까 종종 만났던 것 같다. 그들에게 이야기 속 '경주'는 삶을 즐기는 놀이였을 뿐 경쟁의 의미는 없었을 수도 있다. 그런데 지금의 우리는 이 놀이를 경쟁으로 보는 데 훨씬 익숙하다.

토끼와 거북이가 경주를 시작하려고 한다. 좀 더 주제에 접근해서 보자면, 둘 중에 누가 혜택을 받고 태어난 금수저이고 누가 흙수저일까?

그들은 지금 산에서 경주를 해야 한다.

환경 면에서 본다면? '산'이라는 환경에서는 토끼가 더 우세하다.

재능 면에서 본다면? 엉금엉금 기는 거북이보다는 깡충깡충 뛰는 토끼가 또 우세하다.

즉, 좋은 조건을 더 많이 부여받은 금수저 쪽은 토끼다. 그래도 거북이는 쉬지 않고 꾸준히 노력하면 목표에 이를 것이라고 생각했다. 그래서 땀을 뻘뻘 흘리면서 기고 또 기었다.

토끼는 '삶'이라는 경주를 우습게 본 것 같다. 좋은 조건을 가졌으니까. 그래서 낮잠이라는 오만을 부렸다. 토끼는 자신의 우월의식 속에 열등감을 감추고 있었다. 만약 바다나 강이나 늪에서 경주를 했다면 토끼는 흙수저가 되었을 것이니. 바다에 대한 열등감, 헤엄칠 수 없다는 열등감은 그가 갖고 있던 불안이었는지도 모른다. 그 불안은 우월로 포장되어 낮잠이라는 여유를 가져왔다.

어쨌든 거북이가 이겼다는 이 옛날이야기의 결말도 결국은 〈금도끼 은도끼〉처럼 끝이 났다. 부지런히, 열심히 기고 또 기면 정상에 오를 수 있다는 교훈으로 끝났다.

이 이야기의 후속편이 현대로 이어진다면 어떻게 연출될까? 즐기며 살고 싶어 하는 현대인의 취향에 맞게 각색될 것 같다. 안락한 소파에서 늘어지게 잘 수도 있고, 스포츠카를 타고 신나게 달릴 수 있는 조건을 가진 토끼가 이기게 할 수도 있다. 옛날 이야기에서는 토끼가 중반부에 잠들었다면, 새로운 이야기에서는 거북이가 이미 출발선부터 잠이 들도록 묘사할 수도 있다. 조건이 안 되어서 할 수 없다는 무기력으로 자신을 합리화한 거북이의 포기의 잠, 불안을 감춘 토끼의 허영의 잠은 사실 같은 맥락일 수 있다.

삶이 단순히 승패로 결론나는 것이라면 〈토끼와 거북이〉 이야기는 논리에 맞지 않다. 사실, 옛날이야기는 설정에 문제가 많다. 그런데 이 가당치 않은 이야기가 또 성경에 나온다. 바로 갈멜산의 대결이다.

우상숭배가 극에 달했던 시대의 북 이스라엘에는 엘리야 선지자가 있었다. 그는 하나님의 사람이었다. 금으로 번쩍이는 왕관을 쓰고 흙을 밟지 않고 마차만 타고 다니던 아합 왕과 그의 선지자 850명, 그리고 흙만 밟고 살던 엘리야는 세기의 대결을 벌였다. 850:1이었다.

한 번쯤 성경을 읽은 사람이라면 누가 승자인지 금세 알 것이다. 하지만 그 결과는 사실 말이 안 된다. 어떻게 한 명이 850명을 상대로 이길 수 있단 말인가? 엘리야의 승리의 비결은, 바로 그가 우리가 이야기하려는 '지저스 스푼'이었다는 데 있다.

변형된 신데렐라 드라마

어렸을 때 언니의 손에 이끌려 동화 영화를 보러 간 적이 있었다. 지금으로 말하면 애니메이션 영화였다. 요정이 지팡이로 호박이 마차가 되게 하고, 생쥐가 주인공의 아름다운 옷을 만들었다. 반짝이는 유리구두와 멋진 왕자님이 등장하는 아름다운 장면들은 어린 소녀였던 나에게 그야말로 환상이었다. 바로 〈신데렐라〉 이야기다.

신데렐라는 새엄마와 의붓 언니들의 구박을 받으며 늘 재를 뒤집어쓴 채로 살았다. 이름마저 '재투성이'. 그런 소녀가 요정이 만들어준 호박마차를 타고 무도회에 참석해 멋진 왕자님과 춤을 추며 꿈 같은 시간을 보낸다. 하지만, 마법이 풀리기 전에 성을 빠져나와야 했기에 서두르다가 그만 유리구두 한 짝을 잃어버린다. 하지만 결국 새엄마와 의붓 언니들의 방해에도 불구하고 왕자님을 다시 만나 행복하게 살았다는 이야기다.

이 동화의 주제는 세계의 많은 이야기에 나타난다. 유럽에서만도 비슷한 이야기가 500가지가 넘는다고 한다. 우리나라에는 〈콩쥐 팥쥐〉 이야기가 있다. 다만 왕자가 '유리' 구두 한 짝으로 신데렐라를 찾아낸다는 내용은 페로의 동화에서만 나타나는 독특한 것이다. 다른 이야기들에서는 여주인공을 찾아내는 도구로 흔히 금구두나 은구두, 반지가 사용된다.

신데렐라 이야기는 오늘날 한국 드라마에서도 주요 테마로 등장하며 안방을 차지했다. 한국 드라마를 볼 때는 상상력을 조금만 동원해도 다음 장면을 거의 맞출 수 있다. 주인공은 멋지게 생겼거나 예쁘다. 대체로 흙수저다. 출생의 비밀이 있다. 이 비밀을 만드는 사람들은 부모이다. 제 자식을 금수저로 만들기 위해, 혹은 금수저의 자리를 쟁탈하기 위해 부모는 자식을 바꿔치기하거나 사람을 죽이기까지 한다.

흙수저인 주인공이 여자인 경우 우연히 만나는 사람이 있다. 재벌 2세나 대기업 실장이다. 남자가 주인공이어도 설정은 같다. 부잣집 상속녀로 금수저를 물고 태어난 철없는 아가씨를 만난다. 그들은 어찌어찌 신분의 차이를 넘어선 사랑을 하게 된다. 여기에다 삼각관계나 사각관계가 더해지고 통쾌한 복수극이 아슬아슬하게 이어진다.

사람들은 끝없이 변형된 신데렐라 이야기를 만들어낸다. 그것은 결국 우리 속에 감추어진 금구두를 신고 싶은 욕망의 숨겨진 진실이다. 이 이야기는 인류가 끝나지 않는 한 계속될지도 모른다.

성경 이야기 중에도 이러한 테마가 믿음의 조상 아브라함의 아내 사라와 여종 하갈의 이야기로, 이삭의 아내 리브가가 낳은 야곱과 에서의 이야기로 이어진다.

아브라함은 아이를 낳을 수 없는 나이에 낳은 아들 이삭의 신붓감을 구하기 위해 신복인 늙은 종에게 명령을 내린다. 자신의 족속에게서 신붓감을 구해오라고. 종은 마치 신데렐라 이야기에서 유리구두가 발에 맞는 아가씨를 찾아다니는 왕자의 종들처럼 길을 떠난다.

늙은 종은 우물가에서 물동이를 어깨에 메고 나온 리브가라는 아름다운 소녀를 만나고, 소녀는 물을 청하는 종에게 뿐만 아니라 낙타에게까지 물을 주는 친절을 베푼다. 종은 리브가에게 금코걸이 한 개와 금손목고리 한 쌍을 준다. 금구두가 리브가의 발에 맞은 셈이다. 낯선 사람을 선뜻 따라나선 걸 보면 리브가는 금구두의 야망이 있는 당찬 소녀였던 것 같다.

　그녀는 거부인 이삭의 아내가 되었다. 그녀의 두 아들 중 맏아들 에서는 이방 여인을 아내로 삼았고, 리브가는 며느리들이 못마땅했다. 그녀는 둘째 아들 야곱에게 장자의 명분을 주고 싶었다. 그녀는 야곱과 짜고 눈이 어두워진 이삭을 속여 장자의 명분을 갖게 한다. 금수저 쟁탈전은 야곱의 아내 레아와 라헬로 이어진다.

　성경 이야기도 사람 사는 이야기다. 단 하나님께서 개입하시는. 2부에서는 그 하나님의 개입하심을 좀 더 자세히 들여다보자.

옷을 바꿔 입은 왕자와 거지

어느 가을 날 영국 왕실은 기쁨에 들떴다. 백성의 축복 속에 '에드워드' 왕자가 태어났기 때문이다. 같은 날 런던의 빈민가 어느 뒷골목에서도 한 아이가 태어났다. 그 아이의 이름은 '톰'이라고 지어졌다. 왕자는 궁전에서 모든 사람의 사랑을 받으며 자랐지만 답답한 구속을 느꼈다. 반면 톰은 할머니와 아버지의 온갖 구박 속에 거지로 구걸하며 자랐다. 그런 삶을 살던 톰은 왕자가 있는 왕궁을 동경했고 왕자의 삶을 상상하곤 했다.

어느 날 우연히 만난 에드워드 왕자와 톰은 서로를 보고 깜짝 놀란다. 너무 닮았다. 왕자와 거지는 장난삼아 옷을 바꿔 입었다. 그런데 진짜 왕자를 알아보지 못한 병사로 인해 에드워드는 궁 밖으로 쫓겨나 하루아침에 거지가 되어 온갖 어려움을 겪게 된다. 반면 톰은 왕자로 왕궁에 살게 되었다. 하지만 톰은 곧 왕궁 생활의 현실이 자신의 상상과는 전혀 다르다는 것을 알게 되고, 차라리 거지의 삶이 더 자유롭고 행복했다는 생각을 하게 된다.

왕자가 이상해졌다는 소식은 왕에게까지 전해졌다. 왕은 톰에게 "잉글랜드의 큰 옥새를 무엇하는 데 사용하였느냐?"라고 묻는다. 톰은 "호두를 까는 데 썼습니다"라고 대답해서 왕을 곤혹스럽게 만든다.

그동안 에드워드는 거지 옷을 입고도 자신이 왕자인 것을 숨기지 않고 계속 왕자처럼 행동하는 바람에 미쳤다는 조롱을 받고 톰의 아버지에게 온갖 고통을 당한다. 그러다 동생의 계략에 빠지며 자신의 영지와 약혼녀를 빼앗긴 기사 헨든을 만난다. 헨든은 에드워드를 불쌍히 여겨 돌봐주지만, 그 후에도 왕자는 거지 떼에 끌려가 빈민굴, 도둑 소굴, 농가, 감옥들을 전전하면서 실제 빈민들의 어려운 삶을 체험한다. 그러면서 자신이 돌보아야 할 백성의 안타까운 현실을 깨닫고, 왕위를 되찾으면 좋은 왕이 되겠다고 다짐한다.

그러는 사이 부왕이 사망한다. 톰이 왕위를 이어 받는 날, 우여곡절 끝에 즉위식에 뛰어든 에드워드는 자신이 진짜 왕자임을 주장하고 사라진 옥새

의 위치를 정확히 말함으로써 왕위를 되찾는다.

이 이야기는 미국의 대표적인 작가 마크 트웨인의 모험 판타지 소설이다. 시대를 뛰어넘어 아이들이 좋아하는 동화이기도 하다. 마크 트웨인은 가난한 집안의 아들로 태어나 막일을 하다가 금광을 찾아 일확천금의 꿈에 부풀어 서부로 가는 역마차도 탔지만 실패했다. 이후 글을 쓰는 작가로써 인생의 절정기를 맞이하며 신분상승을 이루었지만, 투자 실패로 파산한다. 이런 그가 이 이야기에서 말하고 싶었던 건 무엇이었을까? 톰이 작가 자신일 수도 있지만, 결국 금수저와 흙수저의 이야기 아닐까?

이 이야기의 주제는 우리나라 사극에서 궁궐 담을 넘는 왕세자의 기행으로 연출되기도 하고, 판타지 현대물에 등장하기도 한다. 요즘 한국 드라마에는 교통사고, 혹은 정체를 모르는 사람을 만난 이후에 갑자기 몸이 바뀐다는 설정이 많이 나온다. 주인공인 부잣집 아들이 가난한 집 아들이 되고, 가난한 집 아들이 부잣집 아들로 변한다. 그렇게 각자 다른 삶을 체험한다. 왕자가 거지의 낯선 삶을 살고 거지가 왕자의 삶을 살면서 뒤죽박죽 얽혀 희극을 연출하다가 또 한 번의 사고로 다시 원래의 삶으로 돌아오게 되지만, 이제는 상대를 이해하는 사람들로 변해 있다. 결국은 〈왕자와 거지〉 이야기다.

성경의 모세 이야기를 보자. 그는 당시 애굽에서 노예로 살던 히브리인의 가난한 집에서 태어나 애굽의 정책으로 죽을 수밖에 없는 운명이었지만, 어머니와 누이의 기지로 애굽의 왕자가 된다. 출생의 비밀을 갖고 자란다. 그러나 결국 자신이 히브리인이라는 것을 알게 된 그는 히브리인을 학대하는 애굽인을 죽이면서 광야의 도망자 신세가 된다. 왕자가 거지 신분으로 떠돌다가 남의 집 더부살이를 하는 것이다. 그러나 또 한 번의 클라이맥스가 그를 기다리고 있다. 이 흥미진진한 별난 왕자의 이야기를 우리는 2부에서 이어나가게 될 것이다.

사람이 만들 수 있는 최상의 이야기는
자신의 창조주와 함께 써 가는
자신의 이야기이다.

1부에서는 금수저와 흙수저,
인간이 갖고 있는 욕망에 대해 이야기했다.
2부에서는 하나님께서 그것을 어떻게 사용해
지저스 스푼이 되게 하시는가
이야기해보자.

PART 2

지저스
스푼으로
살기

JESUS
SPOON

chapter 1

금수저, 흙수저? 나는?

스스로 갇힌 사람들

자신을 '예수님 수저!'라 여기는 일명, 지저스 스푼(Jesus Spoon)은 어떤 사람들일까? 이제부터 주인공은 '지저스 스푼'이지만 흙수저와 금수저는 언제나 등장한다. 인간들의 이야기니까.

우리가 살펴보려는 이스라엘의 흥미진진한 이야기는 민수기 14장에 나오는 내용이다. 천신만고 끝에 애굽을 탈출한 그들의 파란만장한 스토리는 일단 생략하자. 지금은 이스라엘 백성이 약속의 땅 가나안 앞에 서게 된 시점에서 시작하겠다.

이스라엘은 가나안 땅을 꿈꾸며 발이 부르트도록 걸어왔지만 사실 가나안 땅에 대해서 아는 바는 없었다. 지금 같으면 손가락으로 핸드폰을 몇 번 두드리면 알 수 있는 일이지만, 그때는 친히 땅을 정탐해야 했다. 그리하여 정탐꾼 열두 명이 뽑혔다. 이스라엘의 수령 된 사람들이니, 이스라엘 사람 중에서는 꽤나 믿음 좋고 똑똑하다는 사람들이었을 것 같다. 열두 명은 가나안 땅과 그 땅에 거하는 사람들이 어떤지 살펴보기로 했다.

가나안 땅을 살피던 열두 명은 깜짝 놀랐다. 가나안 사람들은 몸집이 거대한 거인 족속이었다. 성읍은 너무 크고 견고했다. 그러나 그 땅에는 젖과 꿀이 줄줄 흘렀다. 어찌나 풍요로운지 포도송이가 달린 가지를 막대기에 꿰어 두 사람이 들어야 할 지경이었다. 가나안 사람들은 태어날 때부터 너무 많은 것을 가진 천상 금수저였다.

이스라엘의 정탐꾼들은 자신들이 점점 조그맣게 줄어드는 느낌이 들었다. 몰래 들어와 그 땅을 정탐이나 하고 있는 자신들이 초라하고 볼품없게 여겨졌다. 노예 출신이고 가진 것이라고는 낡은 옷 몇 가지뿐인 자신들이야말로 흙수저가 아닌가! 그들의 40일 정탐은 두려움과 자기 좌절만 가져다주었다. 그들에게 가나안은 아무리 노력해도 넘을 수 없는 경계가 그어진 선이었다.

잔뜩 기대하며 기다리고 있는 이스라엘 회중 앞에서 이런 정탐꾼들이 보고회를 열었다. 보고회는 울음바다로 끝났다. 그래도 이스라엘 사람 중에서는 꽤 괜찮다는 지휘관들이었던 정탐꾼들이 자신들을 가나안 사람들과 비교하며 메뚜기라 했고, 가나안 땅은 거주민을 삼킬 땅이라고 악평했기 때문이다. 정탐꾼들은 실제보다 자신의 편견을 더 사실처럼 말했다. 이스라엘 백성은 기가 막혔다.

"우리가 어떻게 여기까지 왔는데!"

그들은 땅에 주저앉아 밤새도록 통곡했다. 그들은 시작하기도 전에 끝난 것처럼 행동했다. 그들의 울음은 자기 비하와 자기 연민과 환경에 대한 원망으로 가득 찼다. 그들은 울고 푸념하며 폭동을 일으키려 했다.

"애굽 땅이나 광야에서 죽었으면 오히려 좋았겠다. 못 참겠다. 우리 처자들이 사로잡히거나 칼에 쓰러지기 전에 애굽으로 돌아가자."

그들은 시작도 하기 전에 포기했다. 스스로를 메뚜기라 이름하며 흙수저로 인정했다. 아무리 노력해도 온갖 혜택을 가지고 태어난 금수저의 영역인 가나안을 넘을 수 없다고 단정적으로 생각하고 포기했다. 그들은 애굽의 금수저 밑에서 흙수저로 살았던 경험에 대한 고정적 사고를 버리지 않고 있었다.

성경의 이야기를 그저 옛날 이야기로만 생각하면 곤란하

다. 지금 우리가 사는 세대와 다를 것 없는 우리의 이야기이기도 하기 때문이다. 이스라엘 사람들이 가나안 사람들과 자신들을 규정지었듯이 이 세대의 사람들도 사람들을 구분 짓고 스스로를 한쪽에 줄 세운다.

이런 인간의 이분법적 사고는 인간의 오랜 역사 속에 거듭되어 온 것임을 우리는 1부에서 이미 눈치 챘다. 인간의 사고 속에 깊이 은폐되어 있던 이분법적 사고가 요즘 두드러지게 부각되면서 사람들을 화나게 하고 있다. 길거리에서 우리가 만나는 사람들의 얼굴을 보라. 화가 잔뜩 난 얼굴이 얼마나 많은가?

스스로를 금수저로 여기는 사람들은 가나안 사람들처럼 자신의 영역에 들어오려는 흙수저의 침범에 화가 나 있다. 자신을 흙수저로 여기는 사람들은 그런 금수저의 선긋기에 화가 나 있다. 사람들은 자신들이 만들어놓은 '금수저, 흙수저'라는 말에 예민해져 있고, 스스로 화를 북돋우고 있다. 하지만 그것을 의식하지는 못하는 듯하다.

사실, 누가 금수저이고 누가 흙수저인지 구별하기는 쉽지 않다. 어떤 면에서 그리 중요하지도 않다. 스스로 이름 짓는 대로 흙수저가 될 수도 있고 금수저가 될 수도 있기 때문이다. 문제는 이분법적 사고의 병폐다.

이 이야기에서 우리는 어디에도 속하지 않는 한 부류의 사람들에게 초점을 맞출 필요가 있다. 이스라엘 백성이 스스로를 흙수저로 생각하고 울부짖는 것이나 태어날 때부터 거인이었고 소유의 풍요를 자랑하며 견고한 성을 쌓고 있는 과격하고 오만한 가나안 족속이 금수저로 자칭하는 것과 전혀 무관한 사람들이 있었다. 그들은 스스로를 규정짓지 않았다. 그들에게 금수저니 흙수저니 하는 구분은 아무 의미가 없는 듯했다. 인간의 시각을 뛰어넘는 소망을 가진 자들이었으니.

그들은 가나안 땅에 대해 아무런 편견이나 과장된 의미부여 없이 사실 그대로 받아들였다. 그들은 이스라엘 백성에게 가나안 땅은 심히 아름다운 땅이고 젖과 꿀이 흐르는 땅이라고 했다. 게다가 그 땅 백성을 두려워할 필요가 없다고 말했다.

그러나 화가 잔뜩 나 있던 이스라엘 백성은 오히려 그들을 돌로 치려 했다. 이스라엘 백성에게 그들의 말은 터무니없고 어리석고 불가능한 말에 불과했으니까.

진실을 말할 때는 어느 쪽의 돌이든 맞을 각오가 되어 있어야 한다. 이제 스스로를 어떤 규정의 틀 안에 넣지 않은 이 사람들의 이름을 말하련다. 그들은 바로 여호수아와 갈렙이다.

자신을 어떤 틀에 넣는 사람들은 사실 두려움과 불안, 비교의식에 사로잡혀 있다. 그런데 여호수아와 갈렙에게는 그런 두려움이 없었다. 그들에게도 독특한 비교의식은 있었다. 무엇을 구분 짓는 것에 대한 의식은 없는 듯한 그들에게서 군이 금수저와 흙수저의 기준을 찾는다면, '누가 보호자냐?' 하는 것이었다(민 14:9). 이 말에는 오해의 소지가 있을 수 있다. 금수저와 흙수저도 '어느 부모에게서 태어나느냐'가 기준이 되기 때문이다. 그러나 여호수아와 갈렙이 말한 영원한 그들의 보호자는 혈육의 보호자가 아니었다. 그들이 말한 보호자는 창조주시다. 그들에게 사람을 구분하는 기준이 있다면 창조주의 보호에 '의존하는 자'와 '의존하지 않는 자'일 것이다.

그들은 백성에게 상황을 두려워해서는 안 된다고 말했다. 다만, 삶의 성패는 누구를 보호자로 인정하느냐에 있다고 했다. 그들 언어의 주제는 늘 그들의 보호자인 하나님이었다. 그들의 삶의 목적은 하나님을 기쁘시게 하는 것이었다. 창조주의 기쁨이 되는 것이었다. 그러면 자신들을 통해 이루시는 기업을 볼 것이라고 했다.

여호와께서 우리를 기뻐하시면 우리를 그 땅으로 인도하여 들이시고 그 땅을 우리에게 주시리라 이는 과연 젖과 꿀이 흐르는 땅이니라 민 14:8

여호수아와 갈렙은 이분법적 사고를 뛰어넘는 다른 차원의 삶을 우리에게 제시한다. 창조주의 손에 즐겨 들려 사용되는 삶, 하나님이 함께하시는 삶. 크리스천의 삶은 '예수님 수저'(지저스 스푼)로 사는 삶이라는 것이다.

지금 우리는 어떠한가? 금수저니 흙수저니 하는 세상의 조류에 휘말려 화가 잔뜩 나 있지는 않은가? 거울에 얼굴을 비추어보아도 좋을 것이다. 크리스천의 정체성은 '나는 지저스 스푼이다'(I am Jesus Spoon)라는 것을 기억하자.

chapter 2

새로운 이름을 받다

대체 왜 바꿔야 하는가

하나님께서 우리를 사용하기로 작정하신 후 제일 먼저 하시는 작업이 있다. 바로 '이름 바꾸기'이다. 왜 하나님은 이름부터 바꾸실까?

우리 교회 권사님이 이름을 바꾸었다. 육십 평생을 달고 살아오신 이름을 어느 날 갑자기 바꿔버린 것이다. '김계모'에서 '김정원'으로. '계모'라니, 늦게라도 친딸들에게 미안해서였을까? 어쨌든 예쁜 본인의 자태에 걸맞는 '정원'이란 이름으로 바꾸었다. 꽃을 연상시키는 '정원'이 신데렐라의 '계모'를 연상시키는 것보다 훨씬 부드럽다. 이름이란 낱말 이상의 의미를 부여하는 것 같다.

내가 나가는 모임 중에 '숙이네'가 있다. 모이는 사람들의 이름

끝 자가 모두 '숙'이기 때문이다. 재래시장의 옷집 이름 같은 촌스러운 이 이름을 우리는 바꾸지 못하고 있다. 그 이름은 우리가 살아온 세대에 대한 하나의 결속을 의미하기 때문이다.

어디 사람 이름뿐이겠는가? 사회심리학자들은 그 시대의 상점 이름을 보면 그 시대 사람들의 생각을 알 수 있다고 했다. 고깃집 이름이 '섹시한 돼지', 호프집 이름이 '니가 사 호프', '환장할 청춘아'란다. 돼지가 섹시하면 얼마나 섹시하겠으며, 술은 꼭 니가 사야 하나? 내가 사도 될 텐데. 이런 상호들을 보면 학자들의 말이 맞는 것도 같다.

사람들은 첫 모임을 할 때면 커다란 이름표를 달고 시작한다. 모임의 이름도 짓는다. 이름은 대표성을 가지고 개인을 차별화하고 이미지화하기도 한다. 이스라엘 백성에게 이름은 인격을 의미하는 것이기도 했다.

사람의 이름 짓기는 사실 하나님께 부여받은 대단한 창조적 특권이었다. 하나님은 창조 사역을 끝내신 후 아담이 각종 들짐승과 공중의 새들을 어떻게 부르나 보시려고 그에게 이끌어가셨다(창 2:19). 아담은 기가 막히게 이름을 잘 붙였던 것 같다. 아담이 각 생물을 부르는 것이 그 이름이 되었으니 말이다. 그러고 보면 사람에게 주어졌던 첫 사역이 이름 짓기였다. 그 후 사람들은 이름 짓기에 몰두했다. 자식에게 좋은 이름을 지어주려고 거금을 내고 작명소에 부탁하기도 하고, 그 이름에 아이의 장래를 걸기도 한다.

부모가 붙여준 이름에 만족할 수 없었던 사람들은 타인에게뿐만 아니라 자신에게도 몇 가지 이름을 붙였다. 이것은 자신을 보는 이미지를 형상화하기도 하고, '나는 누구이며, 무엇인가?' 하는 자아개념이 되기도 한다.

사람들은 개인에게나 어떤 부류나 사물에 이름을 붙이고자 하는 욕망을 갖고 있다. 금수저니 흙수저니 하는 것도 사람들의 이름 짓기 욕망의 표현이다. 그리고 그 이름에 그럴듯한 의미를 붙인다. 최근에는 금수저에 붙어사는 흙수저라며 사람에게 '기생충'이라는 이름까지 붙였다. 하나님의 창조 세계에서 가장 하나님의 형상을 닮은 존재에게 '기생충'이라는 이름을 붙일 만큼 인간의 이름 짓기는 타락했다.

우리는 앞서 신데렐라 이야기에서 계모와 심술궂은 의붓 언니들을 만났다. 여기서 잠깐 이야기의 곁가지를 친다면, 부엌데기 신데렐라는 원래 귀족 출신의 금수저였다. 그런데 아버지가 돌아가시자 계모가 재산을 가로채고 그녀를 부엌으로 내쫓았다.

이 가여운 아가씨의 원래 이름은 엘라였다. 계모가 행한 여러 악행 중 최고는 엘라의 이름을 신데렐라로 바꿔치기한 것이었다. '신데렐라'라는 이름은 '재를 뒤집어쓴 아이'라는 뜻이다. 계모의 악랄한 계략은 엘라에게 계속해서 '너는 이제 금수저가 아니야. 너는 이제 재를 뒤집어쓴 흙수저일 뿐이야'라는 의식을 독주사같이 주입하는 것이었다. 그것이야말로 현재의 행복을 빼앗고 미래를 잿빛으로 보게 할 수 있는 최상의 방법이었기 때문이다. 신분을 회복할 의욕 자체를 잃게 하는 것이었다.

계모는 금빛으로 반짝이던 엘라의 자아개념에 잿빛 재를 뒤집어 씌웠다. 계모와 의붓 언니들은 하루에도 수십 번씩 그녀를 '재투성이'라고 불렀다. 계모는 엘라를 무너뜨리고 잠재 가능성을 빼앗을 수 있는 가장 좋은 방법이 엘라가 스스로를 '더럽고 쓸모없는 재투성이'라고 생각하게 하는 것임을 알고 있었다. 이름 바꿔치기는 계모가 엘라의 재산 명의를 자신의 것으로 바꿔치기한 것보다 더 나빴다.

이름을 바꾸시는 하나님

하나님은 사람들의 이름 짓기에 관심이 많으시다. 이름을 바꾸실 뿐 아니라 처음부터 친히 지어주기도 하신다. 세례 요한의 이름은 족보에 따라 지으면 '사가랴'였다. 그러나 하나님은 당신의 스푼으로 쓰기로 작정하신 그의 이름을 혈통을 따르지 않는 이름, 요한이라 지어주셨다(눅 1:57-66). 하나님은 식탁의 수저처럼 가까이하실 사람에게는 그의 이름을 바꿔주신다. 부모가 지어준 이름이든 스스로 걸머진 이름이든 점검하고 고치신다.

형 에서를 속이고 팥죽 한 그릇에 장자의 명분을 날치기했던 야곱이 외갓집으로 피신했다가 다시 고향으로 돌아오는 얍복나루에서 하나님과 밤새 씨름한다. 형의 보복이 두려웠던 그는 하나님께 매달릴 수밖에 없었다. 날이 새려 할 때까지 야곱은 하나님과 씨름했다. 그때 하나님께서 느닷없이 야곱에게 물으셨다.

　"네 이름이 무엇이냐?"

　이제 야곱은 그 물음의 의미를 알아야 했다. 자신의 이름은 '발꿈치를 잡았다', '사람을 속이는 교활한 자'라는 의미였고, 그는 그 이름에 맞게 살았던 자신의 실존을 똑바로 보고 하나님 앞에 고백해야 했다.

　"야곱입니다."

　야곱은 축복을 받기 위해서라면 형에게조차 사기를 치는 사람이었다. 그는 평생을 자신의 축복을 위해 살았다. 형의 금수저를 자신의 것으로 하려고 어머니와 공모하여 눈이 어두운 아버지까지 속였다. 속은 것을 깨달은 형은 "그 이름이 야곱이라 함이 합당하다"라고 소리 지르며 울었다.

　이건 한국 드라마에서 흔히 사용되는 가족 간의 금수저 쟁탈전 각본이다. 그러나 야곱 이야기의 결론은 사람이 쓴 이야기와 다르다. 하나님과 씨름하면서까지 "당신이 내게 축복하지 않으면 못 간다"라고 매달리는 야곱에게 주어진 축복은 과연 무엇이었을까? 그가 그토록 바라던 축복은 사실 '이름 바꾸기'였다. 그는 하나님의 축복인 '장자'라는 이름을 갖고 싶었던 것이다. 야곱의 어머니 리브가의 공모 역시 하늘이 주시는 축복에 대한 사모함이었다고 생각한다면 두둔 받을 여지가 있다.

나는 여기서 다시 신데렐라 이야기를 하고 싶다. 아니, 엘라 이야기를 하고 싶다. 나는 신데렐라 이야기가 '우리 속에 감추어진 금구두를 신고 싶은 욕망의 숨겨진 진실'이라고 했다. 그런데 그런 인간의 욕망까지도 잘못이라고 치부하지만은 않으시는 하나님에 대해 의아할 수밖에 없다. 오히려 하나님은 형 에서보다 야곱을 택하셨다. 권선징악의 사고로는 이해할 수가 없다.

신데렐라의 아름답고 환상적인 이야기가 이 시대에는 돌을 맞기도 한다. 이름 붙이기 좋아하는 사람들이 신데렐라에게 '콤플렉스'라는 이름을 추가했다. 신데렐라 콤플렉스란 자기의 능력으로는 자립할 자신이 없는 여성이 자신의 인생을 금수저로 만들어줄 백마 탄 왕자가 나타나기를 고대한다는, 여성의 의존 심리를 냉소적이고 비판적인 눈으로 보는 데서 나온 말이다. 그런 면도 있다. 여자라면 신데렐라가 되는 꿈을 한 번쯤 꿀 테니.

요즘 드라마에서도 여자 주인공들은 대기업 회장의 아들을 만난다. 우연히. 그런데 이를 신데렐라 콤플렉스로 치부하기 전에 신데렐라를 다시 살펴보자. 그녀는 현대의 젊은이들이 이름 붙인 '된장녀'가 아니다. 그녀가 명품만 따라다닌 것도 아니고 공중누각만 지은 것도 아니다. 신데렐라는 이불 속에 파묻혀 꿈만 꾼 것도 아니고 게을러서 쥐어 박히지도 않았다. 계모를 원망하거나 뒷담화를 하거나 빗자루로 부엌 바닥을 두드리며 신세 한탄을 한 적도 없다. 집을 뛰쳐나가지도 않았다. 그녀는 자신이 있는 그 자리, 부엌에서 재를 뒤집어쓸 정도로 열심히 일하면서도 밝고 명랑했다. 주변의 모든 사물들을 사랑했다. 무엇보다도 자신의 이름, 엘라를 잊지 않았다.

그녀는 자신의 내면에 감춘 엘라로 살았다. 존귀하게 살기를 잊지 않았고, '나는 존귀한 자'라는 자아개념을 '나는 재투성이다'라는 개념으로 바꾸지도 않았다. 사실 유리구두는 불편하고 깨어지기 쉬운, 까다롭고 차가운 물건이다. 아무의 발에나 맞을 수 없는 것이다. 엘라는 짝을 맞출 수 있는 남은 한 짝의 유리구두를 가슴에 품고 있었다. 존귀한 자신의 자아개념을 간직하듯이 말이다. 하나님은 이처럼 인간의 이름 안에 담긴 개념까지 사용하신다.

얍복강의 야곱으로 돌아가 보자. 재를 뒤집어쓴 신데렐라처럼 사기꾼이라는 이름을 뒤집어쓰고 험한 세월을 살아왔던 야곱이 사력을 다해 하나님의 다리를 부둥켜안고 있다. 하나님은 속이는 자로 고단하게 살아왔던 한 남자가 허벅지 관절이 어긋난 채 땀범벅이 되어 두려움으로 자신 앞에 무릎 꿇고 있는 것을 보셨다. 하나님은 그의 이름을 바꿔주기로 하셨다. 새로운 자아개념을 심어주기로 작정하신 것이다. 그에게 응답하신 하나님의 축복은 이름을 바꿔주시는 것이었다.

> 네 이름을 다시는 야곱이라 부를 것이 아니요 이스라엘이라 부를 것이니 이는 네가 하나님과 및 사람들과 겨루어 이겼음이라 창 32:28

타인의 발꿈치를 잡고 태어나 딴지나 건다는 그의 이름이 '하나님과 겨루어 이긴 자'로 바뀌었다. 그러나 오해는 않길 바란다. 하나님은 인간과 싸움의 대상이 되는 분은 아니시다. 우리가 상상할 수 있는 것은 옛날 우리가 어렸을 때에 요를 깔아놓고 아버지와 씨름하던 그 장면이다. 우리 아버지는 우리를 이기신 적이 한 번도 없었다. 야곱에 대한 하나님의 사랑은 마치 우리의 아버지처럼 져주시는 사랑이었다. 야곱은 긍휼히 여기시는 하나님의 사랑을 입은 자였다. 이름을 바꾸어주신다는 것은 인격을 바꾸어주시겠다는 것이며, 새 삶에 대한 약속이었다.

대체로 하나님의 이름 바꾸시기는 현재의 내가 아니라 하나님이 쓰기로 작정하신 미래 '나'의 모습으로 지어진다. 하나님은 아브람의 이름을 '열국의 아버지'라는 뜻의 '아브라함'으로, 사래의 이름을 '열국의 어머니'라는 뜻의 '사라'로 바꿔주셨다. 그때 아브라함의 나이는 99세였지만 단 한 명의 자식도 없었다. 그런데 '열국의 아버지'라니. 솔직히 황당한 일이었다. 아무리 아브람이 믿음의 조상이라고 해도 그가 엎드려 웃은 것을 그리 탓할 수는 없다. 그러나 그는 100세를 기점으로 열국의 아버지가 되었다.

신약으로 가면 예수님의 이름 바꾸시기가 나온다. 예수님이 열두 제자를 세우실 때 가장 먼저 하신 일이 이름을 더해주신 것이다. 갈대 같은 시몬을 장차 교회의 반석으로 세우시기 위해 '베드로'라는 이름을 주셨다.

시몬은 사실 줏대가 없는 인물이었다. 예수님이 제자들의 발을 씻기시자 자신의 발은 절대로 씻기시지 못한다더니 금방 손과 머리까지 씻어달라고 하지를 않나, 예수님을 위해 목숨까지 버리겠다고 하지를 않나. 하지만 예수님은 그가 그날 밤 닭 울기 전에 세 번이나 예수님을 부인할 걸 아셨다. 그럼에도 무얼 보고 베드로라 하셨는지. 그런데 그가 훗날 진짜 반석이 되었다. 하나님이 바꾸신 이름은 쓰기로 작정하신 지저스 스푼의 미래의 모습이니까.

하나님은 사람의 스스로 보기도 하나님의 보기로 바꾸신다. 우리는 앞 장에서 이스라엘의 가나안 정탐꾼들이 "우리는 스스로 보기에도 메뚜기 같았다"라고 한 말을 들었다. 이 말도 일종의 자기 이름 짓기이다. '메뚜기'라는 말에 유의해보라. 사람들은 자신의 이름 앞에 형용사를 붙이기 좋아한다. 자신에 대한 모세의 형용사는 '입이 뻣뻣하고 혀가 둔한 자'(출 4:10)였고, 예레미야는 '아이라 말할 줄 모르는 사람'(렘 1:6)이었다.

사람은 하나님이 스푼으로 쓰려 하실 때, 스스로 만든 부정적인 형용사로 하나님을 포기시키려 한다. 하지만 하나님은 그리 만만한 분이 아니시다. 하나님께서는 그들이 자신의 이름에 붙인 형용사부터 바꾸신다. '나는 하나님이 함께하시는 사람이다'로.

내 이름은 무엇인가

자, 이제 우리 자신으로 돌아와 보자.

'내 이름은 무엇인가?'

각자 자신을 생각하며 '나는 무엇이다', '나는 어떤 사람이다'라고 말해보자. 길게 고민하지 말고, 순간 당신의 머릿속에 떠오르는 것이 있다면 말해보라. 그것이

당신의 자아개념일 수 있다. 혹시 지금 떠오르는 생각이 당신에 대한 부정적 이미지로 나타난다면 곧 당신의 이름, 당신에 대한 형용사를 바꾸어야 한다.

어떻게 바꾸냐고? 이미 당신은 그 답을 알고 있다. 그러나 변화는 당신 마음에 달렸다. 군이 지저스 스푼으로 살고 싶지 않다면 바꾸지 않겠다고 고집을 부려도 좋다. 그러나 당신의 이름에 대한 그 형용사가 당신의 잠재의식 속에 숨어서 당신의 삶에 영향을 줄 수 있다는 것은 알아야 한다.

당신이 이미 지저스 스푼이라면 하나님께서 당신의 이름을 바꾸실 것이다. 그것은 하나님 마음대로다. 지저스 스푼에게는 하나님께서 자신의 이름을 주신다.

'임마누엘.'

chapter 3

쓰임에 합당한 삶을 살다

어떤 사람에게는 금수저니 흙수저니 하는 말이 아파트 위층 아이들이 쿵쿵거리는 소리처럼 귀에 거슬릴 수 있다. 수저 운운하다니, 사람이 도구냐? 사실 이런 도구주의적 발상이 유쾌한 것은 아니다. 그런데 이런 심기를 슬쩍 건드리는 이야기가 예레미야서 18장에 나온다.

한 토기장이가 있었다. 그 토기장이는 진흙 덩어리를 녹로 위에 놓고 돌림판을 돌리면서 그릇을 만들어냈다. 진지하게 무늬를 넣으며 만들고 있는데, 진흙 그릇 하나가 터져버렸다. 그러자 토기장이는 그것을 뭉개서 자기 생각에 좋은 대로 다른 그릇을 만들었다. 여기까지가 성경에 나오는 이야기다.

지금부터 우리는 토기장이가 열심히 일하는 모습을 이렇게 상상해보자. 그는 아내가 부엌에서 쓸 그릇을 떠올리면서 정성껏 그릇을 만들었다. 국을 담을 대접도 만들고, 밥을 담을 공기도 만들고, 채소를 담을 넙적한 접시도 만들고, 조그만 간장 종지도 만들었다. 음식을 가득 담은 그릇들이 놓인 식탁을 생각하며 침을 꿀꺽 삼키기도 했다. 물론 수저도 만들었다. 밥상에 수저가 빠질 수는 없으니까. 토기장이는 자신이 만든 그릇들을 만족한 얼굴로 바라보며 녹로를 멈추려 했다. 그런데 뜻밖의 일이 벌어졌다. 둥글넙적한 접시가 투덜거리기 시작한 것이다.

"왜 나를 이렇게 볼품없이 만들었어!"

그러자 종지도 덩달아 투덜거렸다.

"나는 왜 이렇게 작게 만들었어!"

이어서 수저도 투덜거렸다.

"나는 이런 곳에서 만들어질 수저가 아니야. 주소를 잘못 찾았네. 금수저로 만들어져야 하는데."

토기장이에게 화를 내던 진흙 그릇들은 혈압이 터져버린 사람처럼 터져버렸다. 토기장이는 말없이 주권을 행사했다. 터져버린 그릇을 뭉개서 다른 그릇으로 만들었다.

　하나님께서 선지자 예레미야에게 이 이야기를 하신 이유를 조금만 생각해보면 곧 이해할 수 있다. 만약 우리가 터져버린 그릇처럼 투덜거린다고 하자.

　"나는 금수저로 만들어졌어야 해. 왜 하필 흙수저야?"

　"창조주는 불공평해."

　"내가 이 꼬라지로 사는 건 흙수저이기 때문이야."

　자, 자, 당신의 마음은 알겠다. 나도 때로는 그렇게 생각하니까. 그런데 조심해야 한다. 당신은 당신 자신의 창조주가 아니다. 우리는 피조물일 뿐이다.

　만들어진 것에는 쓰임의 목적이 있기 마련이다. 어떤 그릇인가가 중요한 것은 아니다. 다시 말하면 어떤 수저인지가 중요한 게 아니라는 것이다. 만드신 이의 목적에 맞게 쓰이면 그것으로 족하다.

　"나를 왜 흙수저로 만드셨어요?"

　이렇게 묻는 사람이 있다면 하나님은 즉시 대답하실 것이다.

이 사람아 네가 누구이기에 감히 하나님께 반문하느냐 지음을 받은 물건이 지은 자에게 어찌 나를 이같이 만들었느냐고 말하겠느냐 토기장이가 진흙 한 덩이로 하나는 귀히 쓸 그릇을, 하나는 천히 쓸 그릇을 만들 권한이 없느냐 롬 9:20,21

내 삶에, 아니면 우리 부모에게, 내 자신에게, 그리고 창조주께 화가 나 있다면 우리는 스스로에게 '네가 누구이기에 감히…'라고 반박해야 한다.

하나님의 주권을 확실히 믿고 하나님께 자신을 드릴 수 있는 사람만이 지저스 스푼으로서의 자격을 얻는다. 인간의 위치를 겸허하게 받아들일 때 하나님은 그 사람을 쓰신다.

지저스 스푼으로 얼른 하나님의 손 안에 쏙 들어간 사람이 있다.

"내가 누구를 보내며 누가 우리를 위하여 갈꼬."

하나님께서 자신의 선지자로 쓸 사람을 찾으시는 말씀에 냉큼 "내가 여기 있나이다. 나를 보내소서"(사 6:8)라며 하나님 손 안에 자신을 내민 사람은 이사야였다. 그는 타락한 유다를 질타할 하나님의 대언자였다. 험난한 길이 예상되었지만, 그는 우리 삶의 목적이 나를 위해 밥을 떠먹이는 수저로 사는 것이 아니라 하나님의 손에 들려 그분의 영광을 드러내는 일에 있다는 것을 깨달았다. 그때부터 그의 지저스 스푼으로서의 삶이 시작되었다.

자주 쓰이는 그릇

부엌 이야기를 좀 더 해야겠다. 어느 집 부엌에나 그릇들이 있다. 큰 그릇, 작은 그릇, 여러 가지 그릇들이 가지런히 정돈되어 있고 수저통에는 수저들이 있을 것이다. 그것들은 용도에 맞춰 쓰임을 받을 것이다. 어리석은 주부가 아니라면 작은 간장종지에 국을 담거나 국그릇에 간장을 담지는 않을 것이다. 접시에 국을 수북이 담을 수 있는 사람은 더더욱 없으리라 믿는다.

주부가 아니라도 그것쯤은 알 수 있다. 남자들도 말이다. 요즘은 부엌에서 앞치마를 두르고 음식을 하는 남자가 멋진 남자다. TV 채널만 돌리면 남자들이 여기저기서 요리를 한다. 그러니 누가 음식을 만들든, 그보다는 음식을 담아내는 그릇에 초점을 맞추기로 하자. 많은 그릇 중에 가장 많이 사용하는 그릇은 어떤 그릇일까?

힌트가 될 만한 이야기가 있다. 내 어렸을 때의 이야기다. 우리 큰집은 시골 부자였다. 널찍한 부엌에는 여러 개의 커다란 가마솥들이 위용을 뽐내고 있었고, 찬장에는 그릇들이 줄을 서 있을 만큼 부자였다. 옛날이야기이니 상상에 맡긴다.

이따금 집안에 큰일이 있을 때 큰집의 커다란 대문을 열고 들어가면 정원이 나오고, 정원 가운데 길을 따라 한참 들어가면 또 다른 대문이 있었다. 그 문을 열면 넓은 마당이 나왔는데, 그 마당 한쪽 구석에서 아주머니들이 둘러앉아 하던 일이 있었다. 지푸라기에 재를 묻혀 놋그릇을 닦는 일이었다.

아주머니들의 손에서 그릇들은 금빛으로 반짝거렸다. 찬장 제일 높은 곳에 있던 놋그릇들이었다. 물론 놋수저도 닦여서 반짝이고 있었다. 그 금빛 그릇들은 큰일이 끝나면 다시 사람 손이 닿기 어려운 높은 곳으로 올라갔다. 값나가는 놋그릇은 행사용이었으니까.

또 다른 마당 한쪽에서는 물을 품어 올리는 펌프 가에 질그릇들이 산더미같이 쌓여 덜그럭덜그럭 씻기고 있었다. 집안의 큰일이 끝나면 그 그릇들은 찬장의 낮은 칸에 들여놓거나 부뚜막에 엎어놓거나 했었다.

이쯤 이야기하면 눈치를 챘을 수도 있다. 당신은 답을 두 개쯤 끌어낼 수도 있다. 가장 많이 쓰이는 그릇은 손 가까이에 있는 그릇이다. 우리 큰어머니가 즐겨 쓰시던 그릇은 찬장 속에 있는 그릇이 아니라 부뚜막에 엎어놓은 질그릇이었을 거로 짐작이 간다. 주인 손에 늘 가까이 있는 그릇이 쓰임을 받는다.

가까이 있다는 것은 관계를 의미한다. 여기에서 우리의 연애담을 생각해봐도 괜찮을 것 같다. 가까이 있고 싶은 마음이 어떤 것인지 짐작하기 좋게 말이다. 하루 종일 손을 잡고 함께 다니다 헤어져도 할 말이 남아 집에 들어가서도 밤새 핸드폰을 붙잡고 통화하는 사람이라면 쉽게 느낄 수 있을 것이다. 하나님과 가까이 있다는 것은 자신을 잡고 있는 하나님의 생생한 손길을 느낄 수 있는 관계, 포도나무와 그 나무에 붙은 가지와 같은 관계, 함께 있어 시간 가는 줄 모르는 시공을 초월한 관계, 기도로 날마다 가까이 있어도 부족함이 느껴지는 관계, 듣고 들어도 달콤한 말씀이 연인의 목소리처럼 또 듣고 싶은 관계라는 것을.

우리 영혼이 주님을 따를 때, 그분을 사모할 때 하나님의 손에 가까이 있을 수 있다.

나의 영혼이 주를 가까이 따르니 주의 오른손이 나를 붙드시거니와

시 63:8

사랑은 거리를 느끼지 못한다. 그저 가까워서 행복하다. 그런데 어느 날부터인가 자꾸 거리를 두고 싶고 부담스러워져서 상대를 피하고 싶어진다면 우리의 사랑에 위험 신호가 온 것이다. 우리는 지금 얼마나 하나님과 가까이 있는 걸까? 혹시 하나님과 적정거리를 유지하는 것이 편하다고 생각하고 있지는 않은가? 왜 우리는 한때 뜨거웠던 사랑에서 돌아서고 싶은 것일까? 세상에는 나를 즐겁게 할 것이 너무 많은데 자유를 제한받는다고 생각하고 있는 것은 아닌가? 너무 가까이하면 흠집이 나 있거나 더러운 내가 드러날 것 같아서인가? 너무 거룩하신 그분이 부담스러운가? 거룩하신 분과 가까이하려면 나도 거룩해져야 한다는 것이 십자가로 여겨지기 때문인가?

그래서 당신이 이런 편지를 써 보냈다고 하자.

"너무 깨끗한 당신이 부담스럽고, 세상에서는 적당히 더러운 것도 용납이 됩니다. 내게 당신은 '너무 먼 당신'입니다. 잠시 거

리를 두고 생각해봅시다."

거기에 대해 당신이 받을 수 있는 답장은 단호한 거절이다.

내가 거룩하니 너희도 거룩할지어다 벧전 1:16

이 말씀에 스스로 이성적이라고 생각하는 사람들은 이성적인 선택을 주장할 수도 있다.

"그러니 하나님이 맹목적인 순종을 요구한다거나 독선적이라는 소리를 듣는 게 아닙니까?"

이 주장에 대해서는 벤자민 프랭클린의 명쾌한 대답을 들려주어야겠다.

"이성적인 피조물이라는 사실은 너무나 편리한 것이다. 왜냐하면 이 사실은 자신이 하고 싶은 모든 일에 대해 이유를 찾아내거나 만들어낼 수 있게 하기 때문이다."

우리는 내 이성을 주장하며 내 뜻대로 살 수도 있다. 그러나 하나님의 뜻대로 순종하며 사는 것이 훨씬 더 쉽다는 것을 알 때쯤이면 인생의 끝자락에 후회로 서 있을 수도 있다. 거룩은 심판과 관련 있기 때문이다.

아무리 가까이 있다고 해도 깨끗하지 않은 그릇은 쓸 수가 없다. 재로 닦거나 물로 닦아 정결하게 하지 않으면 쓸 수가 없다. 이것이 '가장 많이 쓰이는 그릇은 어떤 그릇일까?'에 대한 두 번째 답이다. 누구나 깨끗한 그릇을 구별해서 쓴다. 밥풀이 덕지덕지 붙어 있거나 뻘건 김치 국물이 묻어 있는 더러운 그릇을 누가 쓰겠는가?

옛날 우리 큰집에서는 재로 벅벅 문지르거나 콸콸 쏟아지는 물로 깨끗하게 그릇을 닦아 썼다. 예전에는 권사님들이 설거지를 하면서 "주여! 저를 이렇게 싹싹 씻어 깨끗하게 해주십시오"라고 했다거나 빨래판에 빨래를 하면서 "주님! 제 죄를 이렇게 빡빡 지워주세요"라고 기도했다는 간증을 종종 들을 수 있었다. 그런데 요즘은 세제가 너무 좋아서인지, 세탁기가 알아서 빨래를 해주기 때문인지, 이런 간증을 듣기가 어렵다.

깨끗하지 않은 그릇은 쓸 수가 없다. 하나님은 거룩하신 분이다. 그분과 가까이하려면 거룩해야 한다.

기다리시는 하나님

이사야도 "내가 여기 있나이다. 나를 보내소서"라고 고백하기 전에 거룩하신 하나님을 만났다. 높이 들린 보좌에 앉으신 거룩한 하나님의 영광이 온 땅에 가득함을 보았다. 거룩하신 하나님을 가까이했을 때 이사야의 입에서 튀어나온 첫마디는 "화로다 나여 망하게 되었도다 나는 입술이 부정한 사람이요"(사 6:5)였다. 거룩하신 하나님 앞에서 더러운 자신을 보게 된 것이다. 하나님과 가까이할 수 없는 더러운 죄인인 자신을 알게 된 것이다.

사람은 하나님의 거룩하심을 대할 때 비로소 자신의 죄악을 의식하게 된다.

우리는 스스로에게 이런 질문을 던질 수 있다.

'나에게는 이런 자각이 있는가?'

'나는 세상과 구별된 깨끗한 크리스천으로 살고 있는가?'

'나야말로 망할 수밖에 없는 존재라는 죄인 의식조차 없는 크리스천은 아닌가?'

'죄에 오염되어 쓸모없이 쓰레기통에 버려지는 그릇 같은 존재가 나는 아닌가?'

이사야는 거룩하신 하나님 앞에서 자신의 죄와 직면했다. 그는 자신의 죄를 세상의 관점으로 합리화하지 않았다. '하나님은 거룩하시니 나도 거룩해야 한다'라는 자각이 있을 때, 그때가 하나님께서 우리와 가까이 계시는 때이다.

> 너희는 여호와를 만날만한 때에 찾으라 가까이 계실 때에 그를 부르라 사 55:6

이 말씀은 우리에게 큰 은혜다. 여호와 하나님이 우리 옆에서 만나기 원하시고 우리가 부르기를 기다리신다. 떠나려는 연인을 기다리는 사람처럼 그렇게 기다리고 계신다.

"그래요, 당신이 옳아요. 내가 거룩해지지요. 당신의 곁에 가까이 있기 위해서라면요."

하나님은 우리가 이렇게 문을 열고 나오길 기다리신다. 사랑으로 거룩하게 되고 구별되어 쓰일 수 있는 것은 하나님과 관계를 맺고 있을 때 가능한 일이다.

> 큰 집에는 금 그릇과 은 그릇뿐 아니라 나무 그릇과 질그릇도 있어 귀하게 쓰는 것도 있고 천하게 쓰는 것도 있나니 그러므로 누구든지 이런 것에서 자기를 깨끗하게 하면 귀히 쓰는 그릇이 되어 거룩하고 주인의 쓰심에 합당하며 모든 선한 일에 준비함이 되리라
>
> 딤후 2:20,21

지저스 스푼은 하나님의 사랑의 도구로 구별되고 쓰임받기 위해 선택된 사람들이다. 사물이 구별되는 것은 그것들이 거룩하기 때문이지, 그것들이 구별되어 있기 때문에 거룩한 것은 아니다.

이사야가 죽을 수밖에 없는 자신의 죄를 보고 엎드렸을 때 천사가 부젓가락으로 제단에서 집은 핀 숯을 가지고 날아왔다. 여기에도 젓가락이 나오니 반갑다. 천사

는 부젓가락을 이사야의 입에 대고 "이것이 네 입에 닿았으니 네 악이 제하여졌고 네 죄가 사하여졌다"(사 6:7)라고 했다. 이사야 의 더러움은 하나님의 거룩한 분향단이나 번제단에서 취해진 불로 깨끗하게 되었다.

하나님으로 말미암지 않는 죄로부터의 구원은 없다. 크리스천 의 거룩은 십자가에서 이루어진 그리스도의 구원 역사로 말미암 는다. 그리스도의 대속과 그 대속으로 인해 우리는 거룩하다 인 정받을 수 있다. 그리스도의 역사로 거룩하게 되고 세상으로부 터 구별되면 그제야 하나님의 스푼으로 쓰임 받게 된다.

우리가 하나님의 스푼으로 그분에 손에 있으려면, 기도가 필 요하다. 우리는 그분 곁에 기도로 가까이 있어야 한다(신 4:7). 또한 말씀으로 깨끗해져야 한다(엡 5:26). 그리고 그 말씀을 진리 로 받아들이는 믿음 역시 중요하다(시 119:151).

하나님의 자녀로 깨끗함을 받아 그분의 스푼으로 살아가려 는 소망이 있다면 "주를 향하여 이 소망을 가진 자마다 그의 깨 끗하심과 같이 자기를 깨끗하게 하느니라"(요일 3:3)라는 말씀을 손목과 이마에 써 붙이고 다녀야 할 것이다. 유대인들처럼. 물론, 비밀로 해도 좋다.

성경이 요구하는 감독과 집사의 자격은 '깨끗한 양심에 믿음 의 비밀을 가진 자'(딤전 3:9)이다. 우리가 직분을 가진 자라면 자 신이 깨끗한 자인지 스스로 살펴보아야 하지 않겠는가? 더러운 행실로 고약한 냄새를 피워 오히려 교회 안에서 사람들을 내쫓는 일에 쓰임 받는 직분자는 아닌지 돌아보자. 안티 크리스천들을 만들어내는 일에 힘을 보태는 사람 중 하나는 아닌가?

우리가 깨끗한 스푼으로 쓰임 받을 때, 세상이 교회의 권위를 인정하게 될 것이다. 우리가 밖에 버려져 밟히고 차이는 그릇, 그렇게 깨져버린 그릇이 되지 않기를 기도한다.

왜? 나도 아프고 하나님도 아프시니까.

chapter 4

아직 끝나지 않았다

우리의 출발선

나는 1부의 〈금도끼 은도끼〉이야기에서 금수저와 흙수저의 출발선에 대해 잠깐 이야기했다. 그러면서 금수저를 물고 태어난 사람은 100미터쯤 앞서서 출발하고, 흙수저를 물고 태어난 사람은 그만큼 뒤에서 출발하니 아무리 열심히 뛰어봤자 금수저를 따라갈 수 없다는 생각에 빠진 현대인들의 비논리적 비극에 대해 언급했다. 물론 나는 이런 말이 갖고 있는 편견, 그리고 결론을 지지할 만한 증거가 없음에도 박박 우기는 인위적 추론을 좋아하지 않는다. 그러나 한 번쯤은 이 단어의 의미를 짚어보고 넘어가야 할 것 같다.

'금수저'란 재정적으로 여유가 있는 부모 덕분에 비교적 부족함

없는 삶을 이어가는 사람이다. '흙수저'는 그 반대다. 빈털터리로 태어나 받을 복의 싹수조차 없다는 것이다.

돈을 싫어하는 사람은 별로 없을 것이다. "돈이 많이 있어도 좋을 것은 없어, 골치만 아프지"라고 말하는 사람이 반드시 물질에 초연한 사람은 아니다. 따먹을 수 없이 높이 열린 포도나무의 단 포도를 보고 '저건 신포도야'라고 돌아서는 여우의 합리화일 수 있기 때문이다. 만일 어떤 정신 나간 사람이 옥상 위에서 오만 원짜리 지폐를 마구 뿌렸다 하자. 그걸 안 주웠다면 나중에 집에 가서 후회하지 않을까?

여하튼 우리가 살아가는 데는 돈이 필요하고, 솔직히 말하자면 많을수록 좋다. 그건 사람들의 가장 기본적인 욕망인 의, 식, 주의 문제를 해결할 수 있는 자원이기 때문이다. 필요를 채워줄 수 있는 달콤한 유혹이기도 하다. 그래서 사람들은 밥그릇에도, 수저에도 복 '복'(福) 자를 많이 새겨 넣는다.

하지만 크리스천이라면 돈을 마냥 좋아할 수만은 없다. 돈이 '일만 악의 근원'이라는 성경 말씀을 생각하면 많을수록 곤란하다. 그럼에도 왜 금수저, 흙수저를 논하면서 날 때부터 가지고 태어나는 것을 굳이 '돈'으로 제한하려는 것일까? 그야 물질을 하나님과 동급으로 여기며 '돈으로 못할 일은 없다'라는 말이 권사님의 입에서도 거침없이 뛰어나오는 세상이니.

여기에서 잠깐 발달심리학자 에릭슨의 이론을 들어보아도 좋을 것 같다. 이럴 때는 별로 재미없는 학자의 이야기라도 설득력이 있는 법이니. 에릭슨은 '사람이 사는 데는 주위 환경과 어떤 상호작용을 하는지가 중요하다'라는 학설을 내세운 학자이다. 그가 말하는 환경 속에 부모가 가진 돈도 포함될 수 있다.

그의 이론 중 '삼중부기의 원칙'이라는 것이 있다. 그가 삼중부기 원칙의 세 번째로 꼽은 인간 이해의 중요한 요소는 '문화적 환경'이다. 즉, 어떤 가족, 어떤 사회적 상황 아래서 태어나느냐가 인간의 성장에 중요하다는 것이다. 그가 말하는 '문화적 환경'에서는 물질보다 부모와의 애착관계나 사회의 우호적 태도가 더 중요하다. 우리를 감싸 안아 키운 포대기같이 따뜻한 사랑과 보호의 가치를 계산에 넣지 않으면 곤란하다.

"대체 우리 부모가 나한테 해준 게 뭐야?"

이렇게 대드는 사람이라면 흙수저로서의 자격이 충분하다. 돈으로만 문화적 환경을 가늠하기 때문이다. 그렇다고 당신을 꾸중할 생각은 없다. 당신은 지금 두세 곳에서 알바를 뛰고 있을지도 모르니까. 소중한 당신 자신을 위해 피로회복제를 사주어도 좋다. 그렇다고 자신을 흙수저의 비극에 포함하지는 않았으면 좋겠다.

당신이 기도하는 부모에게서 태어났다면 창조주와 근접한 관게이니 대박이다. 모태신앙을 우습게 여겨서는 안 된다. 그러나 모태신앙이라고 해서 신앙의 달리기에서 앞서는 것은 아니다. 금수저의 달리기가 언제나 금메달인 것은 아니니까.

그렇다면 에릭슨의 삼중부기 원칙의 첫째와 둘째는 무엇일까? 이것은 어쩌면 우리가 태어날 때 받은 가장 소중한 자원일 수 있다. 인간의 출발선에 당당히 설 수 있는.

조급한 현대인인 당신을 위해 정답을 먼저 말하자면, 첫째는 개인의 신체적 상태다. 여기에는 신체 구조나 건강이 모두 포함된다. 타고난 건강은 대단한 자원이다. 사지가 멀쩡하게 태어난 것만 해도 감사한 일 아닌가. 그러나 이렇게 말할 사람도 있을 것이다.

"나는 왜 이렇게 약하고 키가 작은 거야. 우리 부모님은 왜 나를 이렇게 낳았어?"

"돈이라도 많아서 성형수술이라도 해주든지. 유전자가 문제야, 유전자가."

거울을 볼 때마다 투덜거리는 당신. 글쎄, 사실은 미스코리아도, 유명 스타도 신체적 열등감을 가지고 있다던데. 그것이 출발선에 선 당신에게 그렇게 문제가 될까? 그야 취직을 하려면 성형수술을 해야 하는 사회적 상황도 있다고 하니. 하지만 당신이 그런 상황에 끌려다니고 있다면 이미 금수저, 흙수저의 이분법적 사고를 받아들이고 있다는 걸 인정해야 할 것이다.

이 첫째 사항에는 우리의 재능도 포함된다. 재능을 갖지 않고 태어난 사람은 없다. 단 아직 발견하지 못했거나 기회를 잡지 못했거나 드러낼 노력이 없었던 건지는 모르겠다. 옛날 사람들의 지혜를 빌면 '굼벵이도 구르는 재주는 있다'라고 했으니.

둘째는 정신적 상태다.

'내 정신 상태는 온전한가?'

이 질문을 듣고 '그렇다'라고 생각한다면 다행이다. 그런데 사실 심리학자나 정신과 의사도 자신의 정신 상태를 정확하게 알지는 못한다고 한다. 우리의 머리카락 개수까지 아신다는 창조주 외에는. 그래서 우리는 종종 '나도 내가 왜 이러는지 모르겠어'라며 머리를 흔든다. 이럴 때는 에릭슨 같은 어른이 필요하다.

그 분은 인간의 정신 상태가 '같은 사건을 경험하더라도 개인에 따라 반응 정도가 다양하다'라고 했다. 다시 말하면 우리가 인생길에서 겪는 사건에 어떤 반응을 하는지 보면 그 사람의 정신 상태를 알 수 있다는 것이다. 이런 생각을 하니 문득 떠오르는 사람이 있지 않은가? 그렇다면 당신은 지금까지 이 책을 잘 읽어왔다고 볼 수 있다.

가나안을 정탐했던 열 사람. 그들과 이스라엘 백성을 다시 생각해보면 에릭슨의 말이 이해가 갈 법도 하다. 그들의 정신 상태는 스스로를 흙수저로 보게 했다. 우리가 인생을 포함한 무엇인가를 어떻게 보고 느끼며 행동하느냐를 보면 우리의 정신 상태를 가늠할 수 있다. 우리가 자신을 어떤 수저로 보는가도 여기에 포함될 것이다.

우리는 정신적으로도 많은 것을 갖고 있다. 눈에 보이지는 않지만, 이것들은 인생 달리기에 정말 대단한 추진력을 줄 수 있다. 자신감, 희망, 목적, 배려, 충성, 능력, 의지, 지혜…. 우리의 내부에는 이런 자원들이 숨겨져 있다는 걸 알 필요가 있다.

내가 이 단락에서 말하려는 의도를 조금은 짐작했으리라 생각한다. 금수저를 물고 태어난 사람은 100미터쯤 앞서서 출발하고, 흙수저를 물고 태어난 사람은 무조건 그만큼 뒤에서 출발한다는 비합리적 사고에 대해 말하고 싶었던 것이다.

자, 질문을 좀 해보자.

"돈이냐, 건강이냐?"

"돈이냐, 재능이냐?"

"돈이냐, 자신감이냐?"

출발선에 선 흙수저, 금수저 논란은 소유에 따른 혜택의 문제라기보다 가치관의 문제이거나 삶에 대한 태도의 문제다.

나는 1부 〈토끼와 거북이〉에서 잠에 빠진 토끼와 거북이의 이야기를 통해 어떤 사물이나 사람 속에 공존하는 열등과 우월이 포기의 잠과 허영의 잠에 들게 한다고 이야기했다. 하지만 이제 우리는 출발선의 위치에 대해 열등감도, 우월감도 가질 필요가 없다.

만약 〈토끼와 거북이〉 이야기의 저자가 '삼중부기의 원칙'을 알았다면 신체적으로 봤을 때 등껍질을 매단 거북이와 앞발이 짧고 뒷다리가 긴 토끼를 출발선에 나란히 세웠겠는가? 문화적 환경을 고려해봐도 산에 사는 토끼와 바다나 강가에 사는 거북이를 같은 출발선에 세웠겠는가?

아무튼 거북이는 '무조건 열심히 하자, 그러면 성공이다'라는 정신을 가졌고, 토끼는 '잠을 자도 이긴다'라는 자만심을 갖고 있었다. 그러나 이 이야기의 작가가 인생을 살면서 엉뚱한 위치의 출발선에도 설 수 있다는 걸 말하고자 했다면 추가 점수를 줄 수는 있다.

에릭슨이 이 이야기를 보았다면 가당치 않다고 하지 않았을까? 학자의 견해로는 검증이 되지 않는 이야기에 짜증이 날 수도 있겠지만, 옛이야기는 허구를 허용한다.

당신에게 적합한 출발선은 스스로 찾아야 한다. 정리하자면, 개인의 신체적 상태, 정신적 상태, 문화적 환경을 고려해서 자신의 출발점을 찾으라는 것이다. 나와 경주를 하는 자가 금수저인지 흙수저인지 실갱이를 벌이느라 운동화를 벗어 던지고 주저앉아 있다면, 누군가 몰카를 찍어 유튜브에 올리고 악플을 달지도 모른다. 얼른 일어나 달릴 준비를 하는 것이 더 현명하다.

지저스 스푼의 출발선과 도착선

인생길에서 우리는 몇 번이나 출발선에 서게 될까? 대부분은 인생길의 출발선을 태어나는 시점으로 보고 도착선을 죽음으로 본다. 인생길을 출발점과 도착점을 잇는 하나의 선으로 보는 것이다. 그러다 보니 그 한 번의 출발이 성공적이어야 한다고, 첫 단추를 잘못 끼우면 인생 전체가 어긋난다고 생각난다. 그래서 금수저를 물고 태어나야 한다는 것이다.

하지만 사실 사람은 인생에서 여러 번의 출발선을 경험한다. 세상에 태어나 엉덩이를 한 대 맞고 "으앙" 울음을 터뜨릴 때, 엄마의 손에 끌려 유치원의 문턱을 넘을 때, 설레는 가슴으로 첫 출근을 위해 구두끈을 묶을 때, 인생의 반려자를 만나 서로의 손가락에 반지를 끼워줄 때…, 우리는 흥분과 두려움으로 새로운 출발선에 서 있어 왔다.

출발선에 설 수 있다는 건 대단한 일이다. 아이가 스스로 일어나 첫걸음을 떼어놓기 위해서는 삼천 번을 넘어진다고 한다. 대단한 일 아닌가? 그럼에도 아둔한 사람들은 자신이 그 대단한 출발을 반복하며 살아왔다는 것을 잊고 있다. 그래서 어떤 일에 실패하면 마치 새로운 출발이 다시 오지 않을 것처럼, 가나안 땅 앞에서 퍼질러 앉아 울던 이스라엘 백성의 흉내를 내곤 한다. 그뿐 아니라 출발에서 뒤처지면 도착점에도 꼴찌로 들어갈 것이라는 추상적 결론을 내려버린다.

어떤 재수 좋은 친구는 좋은 부모 만나 좋은 학교에 들어가고 취직 잘하고 부모가 짝지어준 좋은 배필을 만나 부모가 사준 집에서 알콩달콩 사는데, 나는 학교도 몇 번 낙방하고 결혼도 아직 못했다. 쯧쯧. 딱하기는 하지만 늦은 인생은 없다. 당신에게는 아직도 출발선이 남아 있으니까. 다른 길은 있다.

그럼에도 '나는 너무 늦었다'라고 고집을 부린다면, 당신보다 출발이 더 늦었던 사람들을 소개하겠다. 그런데 이들의 출발은 그 개념이 다르다. 나란히 세워 놓고 신호총을 쏘는 그런 출발을 생각하면 곤란하다. 이 출발에 있어서는 언제, 어디서가 중요하지 않다. 그들은 일상을 열심히 산다. 출발선이니, 결승선이니 하는 인식이 그들에겐 없다. 있는 곳에서 현재를 열심히 사는 사람들이다.

그런데 어느 날 갑자기 그들에게 새로운 출발선에 서라는 명령이 떨어진다. 그들에게는 100미터 앞서서 출발하겠다거나 아예 출발할 수 없다거나 하는 금수저, 흙수저 논리는 통하지 않는다. 명령권자는 그런 것을 전혀 개의치 않는다. 부르시는 그곳이 출발선이다. 하나님이 지으신 목적을 성취하기 위해 세우시는 그곳이 출발선이다.

아브라함은 75세에 출발선에 섰다. 멀쩡히 고향 아버지 집에서 잘 살고 있는 아브라함에게 나그네 인생을 시작하게 하신 것이다. 75세에 나그네 길이라니, 그것도 달랑 약속 하나만 믿고 출발하는 길이다. 그에게 새로운 출발은 그리 유쾌한 일이 아니었을 것이다. 인간에게는 누구나 '여기가 좋사오니' 하는 안정된 거주의 욕구가 있으니까. 나이가 들수록 더 그렇다.

아브라함보다 더 나이 들어서 출발한 사람도 있다. 모세다. 애굽에서 도망쳐 남의 집 더부살이를 하던 그가 새로운 출발선에 선 것은 80세였다. 그는 입이 둔하다느니 어쩌고 하면서 뒷걸음질 치려 했다. 하지만 출발은 입으로 하는 것이 아니라 다리가 하는 것이라서 그런지, 하나님은 모세에게 권능의 지팡이를 주셨다. 다리를 하나 더 붙여주시는 것처럼. 그때 그는 맨발로 서 있었다. 그는 불타는 떨기나무 밑에서 출발했다. 이 두 사람의 이후 여정이 궁금하다면 창세기와 출애굽기를 읽으면 된다. 너무 길다면 두 사람의 출발 부분만 읽어도 좋다(창 12장, 출 3,4장).

여기서 우리는 이들의 출발선이 '소명'이라는 것을 알 수 있다. 소명은 존재의 이유에 대한 자각이다. 지저스 스푼들은 여기에 순종으로 답해야 한다.

이런 이야기를 읽으며 두려워질 수도 있다. 혹시나 내 집 마련을 위해 은행에서 대출한 주택자금을 고생고생해서 다 갚고 한숨 돌리려는 찰나, 하나님께서 집을 팔고 아프리카로 출발하라고 하시면 어쩌나? 그러나 너무 염려하지 않아도 될 듯하다. 지저스 스푼이라면 이런 걱정은 하지 않아도 될 만큼 이미 단련되어 스스로 보따리를 쌀 수 있을 테니까.

그저 열심히 살아나가느라 세파에 끌려다니며 삶의 의미 같은 것은 묻지 않았던 이들이라도, 때로는 새로운 출발에 대한 갈증을 느낄 때가 있다. 만약 우리가 지저스 스푼으로 살기 원한다면 장거리 출발선이 아닌 단거리 출발선에서라도 순간순간 그 부르심에 귀를 기울여야 할 것이다. 나태와 게으름이 우리를 방해할 수도 있다. 열정 없는 인생은 존재의 목표를 생각하지 않으니까.

지저스 스푼의 출발은 버리기에서 시작된다. 죄악의 쾌락, 초라하게 보이는 나에 대한 실망, 현실 속의 의욕 없음에 대한 변명과 포기. 익숙한 것, 버리기 아까운 것들과 결별할 수 있는 결단이 필요하다. 홀홀 벗어던지고 출발선 앞에 선 달리기 선수의 운동복 차림을 상상해도 좋다.

잠깐, 결승선에 대해서도 이야기해야 할 것 같다. 지저스 스푼의 결승선은 어디일까? 이 경주자들은 스스로 결승선을 긋지 않는다. 하나님의 결승선이 지저스 스푼의 도착선이니까.

"이제 됐다, 서라."

이렇게 말씀하시는 그곳이 결승선이다. 결승선에서의 판정은 하나님께 있다. 그러므로 스스로 잘 뛰었다고 자랑할 수 없다. 그리고 그 결승선이 또 다른 출발선으로 이어지는 것이 크리스천이 받는 상이다.

역전의 용사는 될 수 없는가?

앞서 〈토끼와 거북이〉 이야기를 다루며 환경이나 상대를 전혀 개의치 않았던 황당한 대결을 잠깐 소개했다. 갈멜산의 대결이다. 갈멜산에서 바알과 아세라 선지자 850명과 엘리야가 단독으로 대결을 벌인다는 소문이 동네에서 동네로 퍼져나갔다. 850명의 선지자는 국가의 강력한 지지를 받는, 그야말로 금수저 대접을 받는 사람들이었고, 엘리야는 아합왕을 피해 다녔던 여호와의 선지자였다.

백성은 이 황당한 대결을 처음에

는 믿지 않았다. 사실 3년이나 기근에 시달리고 있는 백성에게 '비를 내리게 하는 대결'은 구경거리 이상의 의미가 있었다. 소문은 점점 퍼져나갔고, 마침내 이 세기의 대결에 흥미가 동한 사람들이 갈멜산으로 꾸역꾸역 모여들었다. 우리 같아도 가지 않겠는가? 입장료 없이 산에서 공개적으로 한다는 경기에.

갈멜산에 모여든 백성은 둘 사이에서 머뭇머뭇하고 있었다(왕상 18:21). 그들은 하나님과 세상 사이에서 머뭇거리고 있었다. 이들은 지금도 구경하듯 교회 안팎에 모여 있다.

세기의 대결이 시작되었다. 그런데 이 대결의 주도권은 엘리야가 쥐고 있으니 재미있는 일이다. 바알과 아세라 선지자 850명도 엘리야가 제시하는 내기의 조건에 잠잠했다. 혹시 토끼에게 숨겨져 있던 그 열등감이 다수의 가짜 선지자들에게도? 백성은 엘리야의 말에 그저 "옳소, 옳소" 한다. 줏대 없는 다수의 목소리가 크기는 크다.

불을 붙이지 않은 나무가 두 무더기 쌓였다. 그 무더기 위에 각을 뜬 송아지 두 마리가 각각 올려졌다. 누가 먼저 자신들의 신을 불러 마른 나무에 불을 붙여 송아지를 태우는가 하는 대결이다. 엘리야가 당당히 선수권을 내놓는다.

"너희가 먼저 해. 둘 중 한 마리를 택해서 너희 신의 이름을 불러 불을 붙여 보라구!"

이에 바알 선지자들은 "바알이여, 우리에게 응답하소서"라고 아침부터 낮까지 외치며 제단 주위에서 뛰놀았다. 하지만 아무 소리도, 아무 응답도 없었다. 엘리야가 조롱하기 시작했다.

"너희 신은 묵상 중이냐? 외출했냐? 잠이 들었냐?"

거짓 선지자들은 저녁까지 꼬박 하루를 자해까지 해가며 광란의 춤을 추었다. 그러나 그들의 신은 아무 소리도, 아무 응답도 없었다. 돌아보지도 않았다. 머뭇거리는 자들에게 깨달음이 있을지어다!

엘리야는 머뭇거리는 자들에게 "가까이 오라" 불렀다. 그들에게 제단을 돌아가며 도랑을 파고 번제물인 송아지와 마른 나무에 물을 부으라고 명령했다. 그것도 네 통씩이나. 우리는 마음을 졸일 수밖에 없다. 물이 가득 찬 도랑과 물에 흥건히 젖은 나무와 송아지에 불이 붙을 수 있을까? 850명이 미친 듯 하루 종일 그들의 신을 불렀음에도 기적은 일어나지 않았는데 말이다.

그러나 지저스 스푼에게는 두려움이 없다. 엘리야는 자신의 기도를 기다리시는 하나님이 계시다는 것을 알고 있었다. 그는 자신이 '주의 종인 것과 주의 말씀대로 이 모든 일을 행하고'(왕상 18:36) 있다는 것을 머뭇거리는 자들이 알게 해달라고 기도했다. 그들이 여호와는 하나님이신 것을 알고 회개하여 하나님께 돌아오게 해달라고 기도했다. 여기에 지저스 스푼의 위력이 있다.

엘리야의 기도에 하늘에서 떨어진 불은 번제물과 나무와 돌과 흙을 태우고 도랑의 물까지 핥아버렸다. 머뭇거리던 자들은 땅에 납작 엎드렸다. 그들은 하나님 편으로 우르르 몰려갔겠지. 그리고 엘리야는 허리를 동이고 금마차를 탄 아합보다 앞서 달렸다. 곧 억수 같은 비가 내렸다. 우와, 시원하다!

우리의 삶은 마른 나뭇가지가 쌓여 있듯이 바짝 말라 건조하다. 우리의 심령은 각을 뜬 송아지처럼 헤집어져 있다. 세상의 신들은 광란의 춤을 추는데, 우리는 왜 이렇게 무기력하기만 한가? 우리는 왜 점점 하늘에서 내리는 권능의 불에 무관심해져 가는 걸까? 우리는 왜 세상과 하나님 사이에서 머뭇거리기만 하는 걸까? 우리 시대에는 엘리야같이 쓰임 받는 하나님의 사람이 없어서일까? 돈이면 기적도 살 수 있다는 생각 때문일까? 과학으로 기적을 체험하고자 해서일까? 이제 세상뿐만 아니라 교회조차 갈멜산의 기적을 믿지 않는다. 그러나 우리는 하늘에서 내려 내 심령을 태울 하나님의 기적의 불을 사모해야 한다.

그때에 내가 예루살렘에서 찌꺼기같이 가라앉아서 마음속에 스스로 이르기를 여호와께서는 복도 내리지 아니하시며 화도 내리지 아니하시리라 하는 자를 등불로 두루 찾아 벌하리니 습 1:12

하나님의 등불에 들키기 전에 우리는 머뭇거리던 자의 자리에서 하나님께 엎드려야 한다. 하나님이 내 삶에 개입하시도록 지저스 스푼에의 열망을 되살려야 한다.

어쩌면 당신도 갈멜산의 머뭇거리는 자의 자리에 서 있을 때 기적을 목격했을 수 있다. 다메섹 도상에서 홀연히 하늘로부터 빛이 둘러 비추며 극적으로 주님을 만난 바울처럼 당신도 기적을 체험했을지도 모르겠다. 죄인 된 우리가 거룩하신 하나님을 만난다는 것이 기적을 체험하는 일이 아니고 무엇이겠는가?

하나님이 하신다

사느라 힘이 들어 우리의 마음이 돌짝밭이 되었거나 길가 밭처럼 단단해져서 차갑지도 뜨겁지도 않은 상태로 머뭇거리고 있다면 우리가 체험했던 기적을 기억해야 할 것 같다.

너희는 옛적 일을 기억하라 나는 하나님이라 나 외에 다른 이가 없느니라 나는 하나님이라 나 같은 이가 없느니라 _사 46:9_

내 기억 속에도 몇 번의 출발선에 서 있던 내가 있다. 그중에서도 어느 날 갑자기 서울을 떠나 지시하신 곳으로 가야 했던 일이 있었다. 새집을 처음 장만하고 들어가려 할 때였다. 미국 선교사들이 우리나라에 최초로 세운 서구식 학교가 무너지게 되었으니 그 학교를 세우라는 명령을 받은 것이다.

그때 나는 전혀 가고 싶지 않았다. 안 가고 싶은 이유를 열 가지 쓰라면 금방 쓸 수 있을 만큼. 그 이유 중 몇 가지를 들자면 이랬다. 연고지와 삶의 터전인 서울을 떠날 수 없다, 능력이 없다, 새집에 들어가서 살고 싶다, 이미 엄청 큰 학교에 교장으로 가기로 내정되어 있다, 몸이 약하다 등등. 그러나 하나님의 손에 들리면 어쩔 수가 없다. 기도원에 가서 엉엉 울다가 결국 순종하기로 했다. 나는 하나님이 주신 이사야서 58장 12절 말씀만 달랑 들고 그 학교로 향했다.

네게서 날 자들이 오래 황폐된 곳들을 다시 세울 것이며 너는 역대의 파괴된 기초를 쌓으리니 너를 일컬어 무너진 데를 보수하는 자라 할 것이며 길을 수축하여 거할 곳이 되게 하는 자라 하리라 사 58:12

1892년에 미국인 존슨 선교사에 의해 세워진 학교였다. 수없이 많은 기독교 인물들을 배출했고, 문화재로 지정될 정도로 역사 깊은 학교였다. 하지만 현실은 학생들이 떠나버려 전교생이 76명 남은 학교일 뿐이었다. 제일 빨리 출발선에 섰던 학교였지만 가장 뒤처진 학교로 남았다. 교사들은 교무실에 앉아 수다를 떨고 있고, 병동같이 흰 회벽칠을 한 교실에서는 커다란 선풍기가 윙윙 돌아가며 아이들의 책장을 넘기고 있었다. 세상에, 요즘도 선풍기를 쓰다니. 제대로 된 교육 프로그램 하나 없는 학교에서 교장이라니.

지금까지도 나는 그 학교에서 겪었던 일들을 별로 이야기하지 않는다. 여러 가지 이유로. 별별 일을 다 겪으며 내가 할 수 있었던 일은 밤새 하나님 앞에 무릎을 꿇는 것뿐이었다. 그때 내 기도의 시작은 "하나님, 이 일은 또 어떻게 해요?"였고, 기도의 끝은 "도와주세요. 기적을 베풀어주세요"였다. 날이 밝으면 여기저기 도움의 손길을 찾아 헤맸다. 하지만 돌아오는 답은 늘 어려웠다.

"그 학교 아직도 문 안 닫았어요?"

"그 학교는 누가 와도 안 돼요. 포기하세요."

"그 학교를 공립학교로 전환시키면 학교 이름은 살려드리겠습니다."

그러나 내 체질을 아시는 하나님께서는 급속히 학교를 일으켜 세워주셨다. 부임 2년 만에 신입생들이 전국에서 찾아왔고, 아이를 학교에 입학시키려고 추운 겨울밤에 이불을 뒤집어쓰거나 난로를 가져다 놓고 밤을 새우는 학부모들이 줄을 이었다. 하나님께서 그 학교로 갈 때 쥐어주신 이사야서 58장 12절 말씀대로 이루신 기적이었다.

어느 날 그 지역 교장들이 모두 모인 자리에서 교육감이 "역전의 용사이십니다"라며 내게 상을 주었다. 나는 그 지역 학교를 깨운 교장으로 상을 받았다. 사람들은 내가 아니라고 해도 나를 '역전의 용사'라고 불렀다. 그러자 더럭 겁이 났다. 내가 한 일이 아닌 것을 누구보다 내가 잘 알고 있었으니까. 나는 지저스 스푼에 불과했다는 것을 말이다.

절터를 닦은 가문의 자손인 나를 구원하신 그날부터 하나님은 나를 준비시키시고 여러 번 출발선에 세우셨다. 때로 하나님은 삼중부기의 원칙도 뛰어넘으신다. 그러나 그것을 무시하시지는 않는다. 나는 '역전' 혹은 '반전'이라는 말을 믿는다. 인생의 역전이나 반전에는 하나님의 기적이 개입한다는 것을 믿는다. '내 인생에 역전은 없다'라는 사람이 있다면 찌꺼기같이 가라앉아 화를 부르고 있는 것이다.

믿음이 없이는 하나님을 기쁘시게 하지 못하나니 하나님께 나아가는 자는 반드시 그가 계신 것과 또한 자기를 찾는 자들에게 상 주시는 이심을 믿어야 할지니라 히 11:6

아멘! 할렐루야! 하나님께서는
당신의 인생 역전을 위해 밥상을
차려 놓고 기다리고 계신다.

chapter 5

비교불가한, 유일한 나

분노의 이유

화로 가득 찬 얼굴들이 거리를 걷는다. 누군가 슬쩍 어깨만 건드려도 찌그러진 깡통같이 얼굴을 잔뜩 찌푸린다. 화가 치밀어 못 살겠다고 한다. 화병은 한국에만 있다는데, 사실인지 모르겠다.

외국에서 오래 살다 온 사람들은 우리나라 사람들이 분노로 가득 차 있는 것 같다고 한다. 건드리면 터져버리는 물풍선 같은 화 주머니를 하나씩 가슴에 매달고 사는 듯하다. 가족끼리 모여도 편을 갈라 화를 터뜨린다. 분명 여러 가지 원인이 있겠지만, 그중에 금수저, 흙수저도 한몫하는 것은 분명하다. 그 속에 담긴 비교의식이 꿈틀거리며 사람들을 화나게 하기 때문이다.

'저 사람은 무슨 복이 많아서 태어날 때부터 금수저 물고 태어

나고, 나는 지지리도 복이 없어 태어날 때부터 흙수저냐?'

이런 신세한탄에는 원망과 화가 가득하다.

사람은 관계를 맺으며 살아가게 되는데, 그 관계를 어렵게 하는 요인 중에 하나가 비교의식이다. 잘 나가다가도 비교의식이 발동하면 넘어진다. 달리기에서 앞서 잘 뛰고 있다가도 다른 아이가 어디쯤 올까 궁금증이 생겨 돌아보다가 코가 깨진 기억이 없다면 그나마 다행이다.

어린 시절에는 코가 깨지지 않았더라도 어른이 된 지금, 입사 동기의 동태에 번개같이 신경이 꽂히지는 않는가? 동창회에 다녀오면 꼭 남편에게 싸움을 거는 아내의 이런 말은 어떤가?

"그 애는 학교 다닐 때 나보다 공부도 못했는데 부자 남편 만나 사모님 소리 들으면서 잘 살더라. 그런데 지금 내 꼴이라니…."

공감이 간다고 고개를 끄떡이면 보통 사람이다. '사람이니까 그럴 수 있다'라는 말은 때로 참 편리하다. 어쨌든 비교의식이 사람을 쪼그라들게 하는 것은 사실이다. 넘어지게 하는 것도 사실이다. 그걸 증명하는 데 적절한 이야기가 있다.

유력한 집안에서 태어난 너무너무 잘생긴 청년이 있었다. 온 나라를 통틀어도 그런 미남이 없을 정도로 잘생긴 얼짱이었다. 거기다가 키는 또 어찌나 큰지, 다른 사람들은 그의 어깨에 머물 뿐이었다. 완전 탑 모델감. 이 청년은 어느 날 아버지의 잃어버린 암나귀들을 찾으러 나갔다가 선지자의 기름 부음을 받고 그 나라의 첫 번째 왕이 된다. 짐작했겠지만, 그는 바로 이스라엘의 초대 왕 사울이다.

그는 부럽기 짝이 없는 인물이다. 가문 좋고, 인물 좋고, 권력까지 거머쥐었으니, 그 인기가 하늘 높이 치올랐을 것이다. 그야말로 잘나가는 금수저였다. 그런 금수저가 부러져버린 것이 경망스러운 여인들의 노래 한 소절 때문이었다니, 인간은 참으로 연약한 존재가 아닌가? 그 연유는 이렇다.

어느 날 백성이 전쟁터에서 돌아오는 사울과 다윗을 맞이했다. 여인들은 탬버린과 트라이앵글을 치면서 춤추고 승전가를 불렀다. 그런데 흥분에 도취해 오버를 했다.

여인들이 뛰놀며 노래하여 이르되 사울이 죽인 자는 천천이요 다윗은 만만이로다 한지라 삼상 18:7

사울 왕은 허우대는 멀쩡하면서 마음은 밴댕이 같았는지 여인들의 노래에 당장 불쾌감을 드러냈다. 왕인 자기를 목동 출신인 다윗과 비교하다니! 그것도 다윗에게는 만만을 돌리고 자신에게는 천천이라니! 사울 왕은 자신이 그와 비교당하는 것을 용납할 수 없었다.

'감히 나를 누구와 비교해!'

그는 대단한 우월감을 가진 사람으로 보인다. 하지만 과연 그럴까? 사실 그에게도 숨겨진 열등감이 있었다. 그에게 열등감이 없었다면 그렇게 불쾌한 내색을 드러내지도 않았을 것이다. 열등감은 비교에 약하다. 숨어 있는 열등감을 분노로 드러나게 하는 것이 비교다.

흥분한 여인들의 노랫말의 불똥은 다윗에게 튀었다. 칭찬은 때론 칭찬받는 사람을 질투의 대상으로 만든다. 누군가를 단련 받게 하고 싶으면 열등감이 많은 사람 앞에서 상대를 잔뜩 칭찬하면 된다. 잠언에서도 "도가니로 은을, 풀무로 금을, 칭찬으로 사람을 단련하느니라"(잠 27:21)라고 했으니. 생각 없는 여인들의 노래 때문에 다윗은 사울로 인해 도가니에도 들어가고 풀무에도 들어가는 불 같은 단련을 받게 되었다.

자신을 증명해야 하는 사람들

사무엘이 사울을 왕으로 세우려 했을 때 사울은 자신에 대해 "나는 이스라엘 지파의 가장 작은 지파 베냐민 사람이 아니니이까 또 나의 가족은 베냐민 지파 모든 가족 중에 가장 미약하지 아니하나이까"(삼상 9:21)라고 했다. 다시 말하면, 가문도 별로이고 자신도 별 볼 일 없다는 것이다. 우리는 이런 사람을 두고 '밥맛 없다'라고 한다. 왜냐하면 그는 사실 유력한 집안의 아들(삼상 9:1)이었고, 아시다시피 대단한 외모와 힘까지 가진 사람이었기 때문이다. 그러나 열등감은 지극히 주관적인 '스스로 보기'라는 것을 우리는 알고 있다.

마음씨 좋았던 사무엘은 사울이 스스로 작게 여겼다는 것(삼상 15:17)을 보고 겸손하다고 여겼지만, 실은 겸손 속에 숨겨진 열등감이라고도 볼 수 있다. 겸손의 액션이 너무 과하게 나타났기 때문이다. 모든 백성 앞에서 왕으로 뽑혔을 때 사울은 어디에 있었는가? 그 큰 덩치가 짐보따리 사이에 숨어 있었다. 사람들이 달려가서 그를 끌고 올 때까지. 이 모습을 본 어떤 불량배가 "이런 사람이 어떻게 우리를 구원하겠느냐"라고 멸시하기도 했다. 그때 사울은 잠잠했지만, 그 일이 그의 트라우마가 되어 훗날 다윗과 비교되었을 때 견딜 수 없게 했는지도 모른다.

그는 그 후 사람들에게 왕으로서의 자신을 증명하려는 시도를 계속했다. 열등감이 있는 사람은 필사적으로 자기를 증명하려 한다. '내가 너보다 낫다'는 것을 여러 사람에게 알려야 하니까. 만약 우리의 어떤 시도나 행동이 '나야 나, 이런 대단한 내가 나라니까'라는 목적에 의한 것이라면, 일찍 멈추어도 좋을 것이다. 그렇지 않으면 당신은 정말 피곤한 삶을 살게 될 테니까. 아니,

당신뿐 아니라 당신 곁에서 계속 비교당하는 사람까지 피곤하게 할 테니까. 잘못하면 주위 사람들에게 버려질지도 모른다.

사울은 왕이 된 후 자신의 우월을 들어내는 데 병적으로 집착했고, 그의 인생은 꼬이기 시작했다. 그는 백성에게 자신이 얼마나 대단한 존재인지 알리기 위해 과잉 행동을 보였다. 자신이 전쟁에서 이기고 돌아올 때까지 백성에게 금식할 것을 맹세시키기도 하고, 아버지의 명령을 못 듣고 전쟁터에 나갔던 아들 요나단이 지팡이 끝으로 꿀을 찍어 먹었다는 이유로 죽이려 했다. 왕으로서의 자신을 증명하려면 그 정도는 해야 한다고 생각한 것이다. 자기를 위한 기념비를 세우고(삼상 15:12), 아말렉을 쳐서 전리품으로 얻은 모든 소유를 다 죽이라는 하나님의 명령에 불복하면서까지 좋은 것은 남기고 가치 없고 하찮은 것은 죽였다.

사실 불순종은 '내가 너보다 나으니 내 판단대로 하겠다'라는 것이다. 급기야 그는 하나님까지 자신의 비교 대상으로 놓고 자신의 우월을 증명하려 했다. 사무엘에게 책망을 들은 사울의 대답을 들어 보면 그가 얼마나 백성을 의식했는지 알 수 있다.

내가 여호와의 명령과 당신의 말씀을 어긴 것은 내가 백성을 두려워하여 그들의 말을 청종하였음이라 삼상 15:24

사울은 자신을 증명해 보이기 위해 백성을 늘 의식하며 살았다. 내 삶을 누군가의 기대에 맞추어 증명하려는 것이야말로 열등감이다. 그의 열등감은 오만까지 불러와 제사장의 영역인 제사를 드리는 월권을 일으켰다. 제사장에게만 허락된 권위에 도전하는 모습을 백성에게 보인 것이다. 그는 하나님의 말씀을 버렸고, 하나님께서도 그를 버리기로 작정하셨다.

이 소식을 전하는 사무엘의 염려와 슬픔과는 대조적으로 그의 요구는 엉뚱했다. 하나님께 범죄한 것은 그렇다 치고(아랑곳없다), 백성과 장로들 앞에서 끝까지 자신을 높여 달라는 거였다. 하나님께 버림받지 않은 척할 수 있게 백성 앞에서 자신의 체면을 지켜달라는 거였다. 그의 비교의식은 끝까지 자기 자신의 삶을 살지 못하게 했다. 그는 그렇게 버려진 수저가 되었다.

비교하지 않는 지저스 스푼

비교의식은 살의까지 품게 한다. 이 세상에서 자기가 제일 예쁘다고 생각했던 여자가 요술 거울을 들여다보면서 물었다.

"거울아, 거울아, 이 세상에서 누가 제일 예쁘니?"

거울은 늘 그녀가 만족할만한 대답을 해주었다.

"당신입니다."

그런데 어느 날 거울이 이렇게 대답했다.

"백설공주님이 제일 예쁘십니다."

이 말은 왕비의 비교의식을 건드렸다. 쯧쯧, 너무 정직한 거울 같으니라구. 그러나 사실 거울의 특성은 정직 아닌가? 자신을 비춘 거울을 깨버리고 싶다면 당신의 방을 한 번 돌아보라. 아름답거나 멋진 스타의 사진이 붙어 있지는 않은가? 그 스타와 당신을 비교해서는 안 된다. 비교는 정직을 탓한다. 비교는 독사과같이 무서운 독성을 갖고 있다.

사위가 된 다윗을 볼 때마다 사울의 귀에도 정직한 거울 같은 여인들의 말이 윙윙거렸을 것이다.

"다윗이 당신보다 더 멋있고 훌륭합니다."

그때마다 그는 수금으로 자신의 울화를 다스리려 했지만 실패했다. 드디어 그의 광기는 다윗을 죽어버려야겠다는 생각에까지 이르렀다. 사울의 비교의식 때문에 다윗은 정처 없는 유랑생활을 시작해야 했다. 다윗은 죽을 고생을 하며 사울에게 쫓겨 다니고, 사울은 그런 다윗을 쫓아다니느라 삶의 시간과 자신까지 낭비하고 있었다. 딱한 사울 같으니.

비교의식을 가진 사람이 어떤 짓을 해도 이길 수 없는 사람은 비교의식이 없는 사람이다. 사울은 허공을 치는 싸움을 하고 있는 셈이었다. 누구와 비교하지 않는 사람은 자신을 죽이려 덤비는 사람에게도 반감을 갖지 않는다. 상대가 자신을 비교대상으로 삼고 있다는 것조차 모를 때도 있다.

다윗에게는 사울을 죽일 기회가 두 번이나 있었지만, 그는 그 기회들을 놓아버렸다. 그는 사람을 보지 않고 늘 보이지 않으시는 하나님을 보고 살았다. 키 재기나 힘겨루기를 하자고 덤벼드는 사람들에게서 우리가 자유로울 수 있는 방법은 우리의 시선을 하나님께 두는 것이다. 지저스 스푼은 자신을 그 누구와의 비교 선상에도 세우지 않는다. 그가 가진 삶의 목표는 사람을 이기고 왕관을 쓰는 것이 아니라 하나님의 뜻에 집중하여 사는 것이기 때문이다.

다윗 곁에는 비교에 무심한 사람이 또 하나 있었다. 사울의 아들 요나단이었다. 차기 왕이 될 왕세자였던 요나단이야말로 자신의 왕관을 넘볼 수도 있는 다윗을 비교하고 견제할 수 있는 인물이었다. 그런데 이 왕자는 다윗을 적으로 생각하기는커녕 자기 생명을 사랑하듯 사랑했다(삼상 20:17).

그렇다고 요나단이 덜떨어진 사람은 아니었다. 오직 구원이 하나님께만 있다고 믿는 믿음의 사람이었고(삼상 14:6), 홀로 적진에 들어가 적들을 흩어지게 하고 공포에 떨게 할 정도의 용맹과 담력을 가진 사람이었다(삼상 14:6-15).

요나단은 다윗과 견줄 만한

인물이었다. 그러나 그는 다윗의 마음과 하나가 되어 아버지 사울의 속을 썩였다. 얼마나 속이 썩었으면 자기 아들에게 단창을 던지기까지 했을까마는, 요나단은 아버지 사울의 손에서 다윗을 구해 피신시켰다. 그가 비교에서 자유로울 수 있었던 것은 전적으로 하나님의 주권을 믿었기 때문이다. 누가 왕관을 쓸 것인가는 주권자이신 하나님의 손에 있음을 알고 있었기 때문이다.

네게 무슨 상관이냐?

다윗이나 요나단 같은 인물이 신약에도 있었을까? 힌트를 준다면, 한 분은 우리가 익히 아는 분이고 한 사람은 약간 독특한 패션의 소유자였다. 낙타털 옷을 입고 허리에 가죽띠를 띠었으니. 그래도 잘 모르겠다면…, 아마 성경을 일주일에 한 번 교회에 들고 가는 용도로만 사용하는 사람은 아닌지. 밥은 삼시 세끼 다 먹으면서 말이다. 씨리얼이나 라면을 먹는다고? 그야 우리의 주인공도 식성은 별나다. 메뚜기와 석청을 먹었으니까. 그는 세례 요한이다.

요한은 제사장의 아들로 태어났고, 예수님은 목수의 아들로 태어나셨다. 출생 시기도, 사회 진출도 요한이 빨랐다. 회개를 외치며 세례를 주는 요한의 인기는 대단했다. 요한의 메시지는 불꽃이 번쩍이는 칼처럼 예리했고 직설적이었다. "독사의 자식들아!"라는 욕도 서슴지 않았다. 영적으로 목말라 있던 군중은 욕을 달게 받으며 그를 따라다녔다. 군중은 요한이 그리스도일지도 모른다고 생각했다.

예수님도 요한에게 세례를 받으셨다. 예수님의 등장에 세상 사람들은 예수님과 요한을 비교하기 시작했다. 이간질하는 데는 비교가 제일이다. 그러나 요한은 아예 처음부터 군중의 이간질을 가위로 싹둑 잘라버리듯, 단호하게 자신의 자리를 지켰다.

> 그가 전파하여 이르되 나보다 능력 많으신 이가 내 뒤에 오시나니
> 나는 굽혀 그의 신발 끈을 풀기도 감당할 수 없다 막 1:7

요한은 군중의 요구에 흔들리지 않고 자신을 비교의 위치에서 빼버렸다. 다른 사람의 신발 끈도 풀 자격이 없다는 사람에게 누가 자기의 신상을 의뢰하겠는가? 요한의 제자들은 우르르 예수님에게 몰려갔다. 출세하려면 줄을 잘 서야 할 테니.

당시 지도층 사람들은 자신의 의를 나타내기 위해 비천한 부류라고 생각하는 사람들과 자신을 비교하곤 했다.

"나는 죄를 짓는 다른 사람들과는 다릅니다. 그들은 토색하고 불의하고 간음을 하지만 나는 일주일에 두 번 금식하고 십일조를 드립니다."

심중을 빤히 들여다보시는 하나님께 자신의 의와 타인의 악을 비교하여 기도하는 데 거리낌이 없었다. 그러니 요한에게 '독사의

자식'이라는 욕을 먹을 수밖에.

요즘은 교회에도 '엘리트 교인'이 있단다. 아는 거 많고, 기도 많이 하고, 헌금 많이 내고, 구제 많이 하고, 금식 많이 한다고 소문난 사람. 그런데 이상하다. 하나님께서는 기도를 골방에서 하라 하셨고, 오른손이 하는 일을 왼손이 모르게 하라 하시고, 금식은 표 내지 말고 하라 하셨는데, 어떻게 소문이 났을까? 교회에서까지 다른 성도들과 비교해서 우월을 증명하고 싶은 사람은 자칫 자신을 주님과 비교할 가능성도 많으니 큰일이다. 인간끼리의 비교로 시작하더라도 결국은 창조주 하나님을 욕하는 경우로 갈 수밖에 없으니.

비교의 결말을 잘 보여주는 영화가 있다. 혹시 〈아마데우스〉라는 영화를 아시는지? 〈아마데우스〉는 모차르트와 궁중음악장이었던 살리에르의 이야기로, 살리에르가 신부에게 고백하는 형식으로 진행된다. 이 영화는 모차르트와 자신을 끊임없이 비교하며 광기로 치닫다가 결국 모차르트와 자신을 파멸의 길로 밀어 넣는 한 예술가의 이야기다. 살리에르는 자신의 노력으로는 도저히 따라갈 수 없는 모차르트의 천재성을 시기한다.

'도대체 하나님은 왜 저질 농담이나 하고 저속한 행동이나 일삼는 모차르트에게 천재성을 주신 걸까?'

살리에르는 하나님의 선택에 혼란을 느끼며 분노한다. 우리도 도무지 하나님께서 예뻐하실 것 같지 않은 사람에게 내려진 혜택을 시기할 때가 있지 않은가? 그렇지 않다면 다행이지만.

살리에르는 훌륭한 음악가 아버지 밑에서 태어나 음악교육을 받으며 자란 모차르트와 돈이나 많이 벌게 해달라고 기도하는 상인인 아버지 밑에서 태어난 자신을 비교하며 원망한다.

"모차르트에 대한 이야기를 들을 때마다 난 질투를 했소. 천재성 때문만 아니라 그에게 모든 것을 가르쳐준 그의 아버지가 부러웠소. 내 아버지는 음악에 전혀 관심이 없었소. 내가 모차르트처럼 되고 싶다고 하면 아버지는 왜 원숭이가 되려고 하느냐고 말했소."

그는 음악가인 아버지 밑에서 태어난 모차르트를 시기했다. 그것은 그가 생각한 하나님의 불평등에 대한 도전이었다. 살리에르는 모차르트의 천재성에 열등감을 느끼고 자신의 능력의 한계에 좌절했다.

"제 간절한 소망은 신을 찬미하는 것이었습니다. 제게 욕망을 갖게 하셨으면 재능도 주셨어야죠."

그의 기도는 몸부림에 가까웠지만, 하나님은 마치 모차르트를 내세워 세상에 노래하는 듯했다. 모차르트의 천재성은 경악과 감탄을 자아냈고 한계가 없었다. 살리에르의 패배는 더욱 참담해져 갔다. 자신에게는 자신만의 음악이 있다는 것을 그는 알지 못했다. 그야 언제나 남의 떡이 더 커보여서 자기 떡 맛은 즐기지 못하며 살아가는 것이 우리 인생이니까. 그러나 살리에르는 좀 심했다. 그는 모차르트에게 조롱당하는 피해망상에 시달렸다.

"날 조롱하는 건 모차르트가 아니었소. 바로 신이었소. 그 비천한 웃음으로 날 조롱하는 건 바로 신이었소."

살리에르는 모차르트와 자신을 차별하시는 하나님께 복수하기로 결심한다. 그는 모차르트가 작곡한 오페라 공연을 교묘히 방해하고, 나쁜 소문을 내어 그를 총애하던 황제와 시민에게 냉대를 받게 하는 등 온갖 술수로 모차르트를 몰락시킨다. 몸도 마음도 극도로 쇠약해진 모차르트는 마침내 쓰러져 비엔나 외곽의 빈민 묘지에 묻히게 된다.

그러나 모차르트가 죽자 살리에르는 죄책감에 시달리다 음악성까지 잃었고, 마침내는 정신병자가 되어 자살을 시도한다.

이 안타깝고 비참한 영화의 스토리는 현대극에서도 많이 다루어졌다. 우리나라의 경우에는 이런 이야기가 대체로 해피엔딩으로 마무리되지만, 살리에르의 분노가 우리의 삶 속에서도 무의식 혹은 의식의 표면에 드러나거나 인생사에 큰 파장을 일으키는 것이 사실인 듯하다. 심지어 교회를 떠나는 사람들의 마음에도, 교회에서 문제를 일으키는 사람들의 마음에도 비교로 인한 살리에르의 분노가 숨겨져 있다.

자식이 좋은 학교 들어간 것이 하나님의 은혜라고 간증하는 집사를 보면 왜 심통이 나는가? 부모의 유산으로 집을 샀다는 집사를 보면 '우리 부모는 뭐야?' 하면서 가난한 부모의 얼굴이 떠올라 화가 치미는가? 나는 아직 한 아이도 결혼시키지 못했는데, 내 자식보다 잘난 것 없는 권사네 아이들은 줄줄이 대단하다는 집안과 결혼하는 것을 보면 한숨이 나오는가? 늘 상을 받아오던 우리 아이는 돈이 없어 유학을 못 가는데, 아무개 권사의 아이는 실력도 없는 게 유학 가는 것을 보고 부아가 나는가? 그렇다면 우리는 이렇게 하나님께 대들지도 모른다.

"하나님, 도대체 왜 이러세요. 저 집사, 저 권사는 다 잘나가는데, 나는 왜 하는 일마다 이 모양 이 꼴인가요? 헌금도 할 만큼 하고 봉사도 할 만큼 했는데요. 좀 잘사는 집에 태어나게 하셔서 유산이라도 받게 해주시던지요."

괜히 집안 좋다는 집사, 권사가 눈엣가시처럼 내 눈을 찔러대는 날이면 교회를 나오면서 복권을 사보기도 하지만, 그것도 매번 '꽝'. 아, 정말 교회를 떠나고 싶다.

우리는 왜 그렇게 내 인생을 복잡하게 만들면서까지 남의 인생에 관여하고 싶은 걸까? 내 인생의 몫도 잘 못 살면서. 비교하면 비교당하는 것이 인생인데, 학교 다닐 때 점수로 그렇게 비교당한 것도 모자라 여전히 자신을 비교로 얽어매는 걸까? 어려서부터 비교당하고 살아서 학습된 것일 수도 있겠지. 인간의 숲속에서 사는 것이 인생이니, 비교가 당연한 것일 수 있기는 하다.

비교의식은 참으로 뿌리 깊은 인간의 욕구로, 어떤 때든지 불쑥 튀어나온다. 죽음이라는 심각한 문제 앞에서도 '내가 그렇게 죽는다면 저 사람은 어떻게 죽어요?' 하고 묻는 것이 인간이다. 그것도 예수님을 따라다닐 만큼 따라다닌 수제자 베드로의 입에서 그런 말이 툭 튀어나오다니.

예수님은 베드로의 죽음에 대해 심각하게 말씀하시는데, 그것도 십자가의 죽음을 예고하시는데, 베드로는 늘 예수님의 총애를 받는 제자 요한이 예수님을 따르는 것을 보더니 "주님, 이 사람은 어떻게 되나요?" 하고 묻는다. 요한과 비교하려는 베드로의 질문에 예수님은 "네게 무슨 상관이냐 너는 나를 따르라"라고 대답하신다(요 21:19-23). 지저스 스푼은 누구와 비교할 필요 없이 예수님을 따르면 된다는 것이다. 얼마나 명쾌한 대답이신가.

만일 누군가와 비교하는 나를 발견했을 때, 나 자신에게 명쾌하게 명령할 수 있다면 정말 멋진 일인 것 같다.

"내게 무슨 상관이야?"

그리고 재빨리 예수님을 따라, 액션!

chapter 6

나를 넘어서다

'거짓 나'의 함정

어느 날 우리에게 인터뷰를 할 기회가 생겼다고 하자.

"자기소개를 좀 해주세요."

이런 질문을 받으면 우리는 대체로 자신이 속해 있는 기관에서 하고 있는 자기의 역할이 곧 자기라고 소개한다.

"무슨 회사 대리 누구입니다."

"무슨 학교 몇 학년 몇 반 누구입니다."

틀린 말은 아니다. 인간의 자아정체성은 사회적 환경 속에서 일어나는 사건에 반응하기 때문이다. 그러나 '나는 누구인가?'라는 질문을 스스로에게 할 때는 좀 더 심각해진다. 철학적인 사유가 들어가기 때문이다.

어느 철학자가 공원에 앉아서 하루 종일 생각에 잠겨 있었다. 저녁이 되자 공원지기가 문 닫을 시간이니 나가 달라고 말하면서 그에게 물었다.

"대체 누구신가요?"

그러자 철학자가 천천히 일어서며 이렇게 답했단다.

"그걸 알면 내가 이러고 있겠소?"

사실 철학자이니까 하루 종일 공원에 죽치고 앉아서 '나는 누구인가?'를 생각하지, 다들 정신없이 살아간다. 대부분의 사람은 이 문제를 덮어두거나 의식조차 못 하고 산다. 그러나 '나는 누구인가?' 하는 우리의 정체성은 발달 시기에 따라 변화하면서 우리의 삶에 영향을 미친다. 자신의 정체성을 바르게 알아야 자신이 삶의 에너지를 어디에 써야 하는지 알 수 있다. 그러니 바빠도 한 번쯤 '나는 누구인가?'에 대해 생각해보자.

'나는 누구인가?'

이 질문에 믿음 좋다는 크리스천들은 망설임 없이 '하나님의 자녀'라고 대답한다. 그런데 하나님께서 "너 같은 자식 둔 적이 없다" 하시면 어쩌지?

'나'에는 '실제적 나'와 '이상적 나'가 있다. 미래에 되고 싶은 '나'는 이상적 나이고, 실제적 '나'는 자신이 갖기를 원하거나 버리고 싶은 현재 내 모습이다. 그런데 자신이 원하고 바라는 '나'에

심리적으로 너무 몰입하면 '거짓 나'가 만들어진다.

'거짓 나'는 자신이 원하는 나의 모습을 마치 자신인 것처럼 생각한다. 이 '거짓 나'는 사람들이 자신의 참 자아를 인정해주지 않을 때 더욱 자신을 포장한다. '거짓 나'는 누군가에게 강한 인상을 주고 싶어 하고, 무엇인가 인정받을 수 있는 일을 하려 한다. 혹시 내가 나라고 생각하는 내가 '거짓 나'는 아닌지 고민해 보지 않겠는가?

한 사람이 공회에 끌려왔다. 돈에 매수된 거짓 증인들은 그 사람이 '하나님과 모세를 모독한 자'라고 군중을 충동했다. 하지만 끌려온 그는 천사같이 빛나는 얼굴로 설교를 시작했다. 유대인들의 형식적 종교생활과 성전 숭배를 강력히 비판하고, 오직 예수 그리스도만이 참된 구주이심을 선포하는 설교였다.

지금의 우리는 이런 설교에 목말라 있지만, 당시 그 자리에서는 설교의 열기가 더해지자 군중의 살기 어린 광증도 정도를 더해갔다. 마음이 찔린 그들은 이를 갈고 큰소리를 지르며 귀를 막고 일제히 그에게 달려들며 돌로 쳤다. 마치 굶주린 좀비들 같았다. 결국 그들은 피를 보았다. 하늘을 향해 기도하던 스데반 집사는 잠든 듯 쓰러졌다(행 7:60). 첫 순교자로 기록된 스데반 집사의 순교 현장이다. 돌을 든 군중들은 하나같이 자신들이 율법을 준수하고 하나님을 가장 잘 믿는다는 신념에 사로잡혀 있었다. '거짓 나'의 함정에 빠져 있었다.

그때 스데반을 돌로 치는 사람들의 옷을 지킨 청년이 있었다. 그는 이중시민권자였다. 유대인이었지만 날 때부터 로마인이었으니 부모가 돈이 많았거나 권력을 가졌던 사람이었을 것이다. 금수저였다. 지중해 연안의 대항구이며 고대의 가장 큰 교육 도시 중 하나인 다소에서 자란 그는 '율법의 영광'이라 불리는 최고의 율법학자 가말리엘 문하에서 엄격한 율법 교육을 받았다. 말하자면 SKY 출신이었다. 게다가 열렬한 유대교 정통 바리새인이기도 했다. 이 청년의 히브리식 이름은 사울, 헬라식 이름은 바울이었다. 바울은 스데반의 죽임 당함을 마땅히 여겼다.

그는 하나님에 대한 자신의 믿음이 인정받으려면 좀 더 큰일을 해야 한다고 생각했다. 그래서 교회를 갈기갈기 찢어 놓으려고 각 집에 들어가 성도들을 끌어다가 옥에 넘겼다(행 8:3). 그것이 자기가 해야 할 일이라고 생각했다. 그는 자신이 원하는 열렬한 율법의 신봉자인 '나'의 모습을 마치 자신인 것처럼 생각했다. 그는 자신이 '거짓 나'의 함정에 빠져 허우적거리고 있음을 알지 못했다.

그림자는 내가 아니다

어릴 때 그림자놀이를 해본 적이 있는가? 그림자놀이는 자신의 그림자가 밟히면 지는 놀이이다. 아이들은 상대에게 그림자를 밟히지 않으려고 죽자사자 뛰어다니거나 재빠르게 그늘로 들어가 버린다. 그림자놀이는 머리 위에 해가 뜬 정오에 하면 재미가 없다. 그림자가 너무 짧아지기 때문에.

그림자놀이가 가장 재미있는 시간은 그림자가 길어지는 저녁 무렵이다. 저녁의 그림자는 길고 크다. 동화에 나오는 늑대 한 마리는 이 길고 큰 자신의 저녁 그림자가 자신인 줄 알았다지 아마. 그래서 사자에게 막 덤비다가 죽었다는데, 우리도 내 저녁 그림자가 '나'인 줄 믿으며 살고 있지는 않은지.

자, 다시 바울의 이야기를 좀 더 하도록 하자. 그도 저녁 그림자 같은 거짓 자아를 '진정한 나'로 알고 충동적인 삶을 살고 있었다. 군중의 스데반 살해를 목격한 사울은 자기의 열정에 더욱 불을 붙였다. 하나님을 잘 믿는 내가 가만히 앉아만 있어서는 안 된다고 생각했다. 예수쟁이들이 많이 모여 있는 다메섹에 가서 믿는 자들을 결박하여 예루살렘으로 끌고 와 처벌 받게 하는 일이 충성된 자신이 해야 할 일이라고 믿었다. 그는 살기가 등등하여 길을 떠났다. 공문까지 받아들고 의기양양하게 다메섹으로 향했다. 한치 앞도 분별

할 수 없는 그림자 같은 인간이라니, 우리는 다 그렇다.

이 이야기의 클라이맥스는 홀연히 하늘로부터 큰 빛이 그를 둘러 비치고, 그가 그 빛의 위력 앞에 땅에 엎드러지는 시점이다. 그가 숨을 그늘은 그 빛 앞에 없었다.

"사울아, 사울아, 네가 왜 나를 박해하느냐?"

그 소리는 그의 귀에만 들렸다.

"주님, 누구십니까?"

당황한 사울이 물었다. 자신의 정체성, 참 자아를 만나려면 먼저 자신의 창조주에 대한 물음이 있어야 한다.

"나는 네가 박해하는 나사렛 예수다."

'아니, 이건 아니다. 내가 그동안 무슨 짓을 한 거지? 무엇을 하고 살았지? 내가 열심을 다했던 신앙이 하나님을 박해한 거라니…'

그는 자신도 모르게 물었다.

"주님, 무엇을 하리이까?"

자신의 정체성을 알게 된 사람은 자신이 무엇을 하며 살아야 하는지를 묻게 된다.

하늘로부터 임한, 태양보다 더 강렬한 초자연적인 빛의 광채에 그는 앞을 볼 수 없게 되었다. 한 걸음도 마음대로 뗄 수 없었던 그는 사람들의 손에 이끌려 다메섹으로 들어갔다. 의기양양하고 살기등등하던 사울은 어디로 간 것일까? 늑대처럼 이를 드러내며 큰 자로 자처하던 그는 어디로 간 것일까? 그가 추구하고 열정을 다했던 그의 삶은 무엇이었나? 장님이 된 그는 사흘 동안 먹지도 마시지도 않았다. 삶의 충격은 그에게 '나는 누구인가? 나는 무엇을 하며 살아야 하는가?'를 다시 생각하게 했을 것이다.

때로 어떤 삶의 충격이 '나'를 찾게 하기도 하고, 삶의 새로운 목표를 발견하게 하기도 한다. 우리에게도 충격적인 경험이 있을 수 있다. 나에게도 그런 경험이 있다. 절터를 닦았다는 가문에서 태어나 약한 몸으로 살던 나에게 어느 날 충격적인 일이 일어났다. 위통이 너무 심해 잠을 이루지 못하던 밤, 비몽사몽간에 내 곁을 스치는 옷자락을 잡으며 "하나님!" 하고 불렀다.

'이상하네, 왜 내가 하나님을 불렀을까?'

그런 생각을 하다 날이 밝았고, 그날 주님의 인도하심으로 감리교 장로님에게 기도를 받게 되었다. 그 분은 3년 전 나에게 복음을 전했다가 무안을 당하신 분이었다. 장로님과 성도들의 기도 열기가 마가의 다락방처럼 달구어지자 나는 나도 모르게 무릎을 꿇고 "예수님, 제 영혼을 구원해주셔서 감사합니다"라는 고백을 하고 말았다. 참 신기한 일이었다. 교회에 다니지도 않았던 내 입에서 '영혼 구원'이라는 생소한 단어가 튀어나오다니. 기도하는 내 얼굴 위로 황금빛이 쏟아져 들어오는 것을 느끼며 난 성령 체험을 했고, 이전과 전혀 다른 삶을 살게 되었다.

하나님은 바울에게 '아나니아'라는 사람을 보내셨다. 아나니아가 사울에게 안수하니 사울의 눈에서 비늘 같은 것이 벗어지며 다시 볼 수 있게 되었다. '거짓 나'를 보던 눈이 '진정한 나'를 볼 수 있는 눈으로 변한 것이다. 그에게 완전히 다른 또 하나의 세계를 보는 눈이 열렸다. 주님은 그런 사울을 '택한 나의 그릇'이라고 부르셨다. 예수 그리스도의 이름을 이방인과 임금들과 이스라엘 자손들에게 전하기 위해 택한 그릇(행 9:15). 그의 '진정한 나'는 하나님이 택하신 그릇이었다.

만일 주님이 우리를 쓰기 위해 택하셨다면, 그분은 우리를 어떤 그릇, 어떤 스푼으로 부르실까? 나는 글로 복음을 전하라는 사명을 받았다. 나는 '하나님의 펜(연필)'이다. 오늘 내가 글로 당신을 만나 그리스도에 대하여 이야기하고 있지 않은가. 당신은?

나를 뛰어넘는 훈련

"아부지 뭐하시노? 말해라, 아부지 뭐하시노?"

선생님이 학생의 뺨을 흔들어대며 물었다.

"건달입니다."

"좋겠다. 너그 아부지 건달이라서 좋겠어. 이놈아, 느그 애비에게 가가꼬…"

곽경택 감독의 〈친구〉라는 영화의 한 장면이다. 자식이 어떤 짓을 하든 사람들은 부모와 연결시킨다.

"너희 부모 누구야? 왜 자식을 이 모양으로 키웠어!"

"부모님이 누구시니? 참 잘 키우셨구나."

나는 부모와 연결되고 싶지 않아도 탯줄처럼 연결되어 있다. 그만큼 한 사람의 성장에 부모가 큰 영향을 미치기 때문이다. 그래서 사람들은 금수저로 태어나고 싶어 한다. 누구도 건달 아버지 밑에서 태어나고 싶지는 않을 거다. 건달 아버지도 자식은 자기처럼 살지 않기를 바란다. 못된 교사에게 뺨이나 얻어맞는 아이로 살지 않기를 바란다. 이런 사람들의 욕망은 변형된 신데렐라 이야기를 만든다.

우리는 앞서 〈신데렐라〉의 테마에 대해 이야기를 나누었다. 주인공은 아주 잘생겼거나 예쁜 흙수저다. 출생의 비밀이 있다. 이 비밀을 만드는 사람들은 부모들이다. 자신은 흙수저로 살지만 자식만큼은 금수저로 만들기 위해, 혹은 가정 안에서 금수저의 자리를 쟁탈하기 위해 부모들은 자식을 바꿔치기하거나 형제끼리도 원수가 되게 한다. 그것은 결국 유리구두를 신고 싶어 하는 우리 속에 감추어진 욕망 때문이라고 했다. 말하자면 금수저의 욕망이랄까.

우리는 성경에 나오는 믿음의 조상 아브라함의 아내 사라와 여종 하갈의 이야기, 이삭의 아내 리브가가 낳은 야곱과 에서의 이야기, 그리고 야곱의 아들 요셉의 이야기로 이어지는 테마 속에서도 신데렐라 테마를 발견할 수 있었다. 족장시대의 금수저는 장자권이었다. 장자는 다른 아들보다 두 배의 몫을 상속받았고, 한 가정의 최고 어른으로서 권위와 명예를 거머쥐었다. 지금 말하자면 그룹 회장 계승권이랄까? 이를 차지하기 위한 배다른 자식들의 암투가 창세기의 이야기 속에 면면히 이어진다.

하갈은 사라의 여종이었지만 아브라함의 아들인 이스마엘을 임신하자 여주인 사라를 모욕한다. 여기서부터 집안싸움이 시작되었다. 아브라함이 100세 때 사라가 이삭을 낳았다. 이삭이 젖을 뗄 때는 날, 하갈의 아들 이스마엘이 이삭을 놀리는 것을 사라가 보게 된다. 결국 하갈과 그 아들은 쫓겨났고 이삭이 장자권을 물려받았다.

이삭은 리브가와 결혼하여 에서와 야곱을 낳는다. 여기서 장자권 싸움은 더 극적이 된다. 야곱은 부엌에서 죽이나 만드는 야망 없는 자 같았으나, 사실 그는 기회를 노리고 있었다. 에서가 사냥을 하고 들에서 매우 피곤해하며 돌아왔을 때, 재빨리 기회를 포착한 그는 떡과 팥죽 한 그릇으로 장자의 명분을 빼앗는다. 역시 사기꾼 같은 면모가 보인다. 거기서 끝났으면 좋으련만, 그는 형 에서의 축복권까지 빼앗을 생각으로 어머니 리브가와 함께 음모를 꾸민다.

리브가는 에서가 아내로 맞이한 이방 며느리들이 영 마음에 들지 않았다. 그녀는 둘째 아들 야곱이 장자가 되기를 원했다. 남편이 에서를 축복하려 하자, 그 사실을 알게 된 리브가는 야곱과 함께 이삭을 속이기로 한다. 두려워하는 야곱에게 그녀는 "내 아들아, 너의 저주는 내게로 돌리리니 내 말만 따르라"라고 했다. 드라마에서 회장 부인이 하는 말과 너무 비슷하지 않은가? 리브가는 이삭이 좋아하는 음식을 만들고, 에서의 좋은 의복을 야곱에게 입혔다. 세상에, 거기다가 털북숭이 에서처럼 보이게 하려고 염소 새끼의 가죽을 야곱에게 입혀 이삭을 속였다. 결국 야곱은 장자권과 축복권까지 얻어냈다.

그런 야곱이 레아와 라헬을 아내로 맞았고, 자매였던 그녀들의 쟁탈전 또한 대단했다. 레아는 시녀 실바를, 라헬은 시녀 빌하까지 야곱의 침실에 들게 하면서 자녀를 늘인다. 드디어 야곱은 열두 명의 아들과 딸 디나의 아버지가 되었다. 야곱은 열두 아들 중에서도 요셉을 사랑하여 요셉에게 왕족이나 고관들이 입는 청색, 자색, 홍색실로 수놓은 채색옷을 지어 입혔다(창 37:3).

그 채색옷의 의미를 알고 있었던 형들은 요셉에게서 채색옷을 벗기고 빈 웅덩이에 던져 넣었다. 그리고 요셉을 애굽의 종으로 팔아버렸다. 아버지가 편애하던 아들에게 입힌 채색옷에 염소의 피를 발라 아버지 야곱에게 보여 요셉이 죽었다고 했다. 막장드라마 같은 이 이야기는 다행히 여기서 끝나지 않는다. 지금부터가 시작이다.

하나님의 비우기 작업

아브라함 집안의 이야기를 장황히 늘어놓았지만, 사실 이 스토리는 별로 중요하지 않다. 나는 '지저스 스푼'에 대한 이야기를 쓰고 싶기 때문이다. 지저스 스푼의 관점에서 보면 이 이야기에 등장하는 주인공들의 노력이나 부모의 욕망은 아무 의미가 없다. 어떤 수저든 하나님의 손에 들리기에는 아무 상관이 없기 때문이다. 오히려 하나님은 무엇인가 가득 들어 있는 스푼은 비워버리신다. 하나님께서 쓰시기 좋게 비워서 새로운 용도로 쓰신다. 인생 전반부에 가득 채워진 스푼이라면 인생의 하프타임에 들어서면서 비우는 작업을 시작하신다.

아브라함의 하프타임은 고향과 친척과 아버지의 집을 떠날 때부터였다. 혈육의 보호 아래 편안하게 지내던 안주의 삶을 떠나라는 것은 곧 전반부의 나를 떠나라는 소리였다. 나를 뛰어넘어 새로운 삶을 살라는 것이었다. 인생 전반부에서 나를 버텨주던 버팀줄들을 끊으라는 것이었다. 아브라함은 나그네 인생을 시작해야 했다. 나그네 인생은 홀가분해야 했다. 그 길에 부모에게 물려받았던 재산은 아무런 의미가 없었다. 그동안 축적해놓았던 것들을 버려야 했다.

하나님의 아브라함 스푼 비우기는 100세에 낳은 아들 이삭까지 버리라는 시험을 거치게 했다. '믿음의 조상'이라는 닉네임을 받으려면 그 정도는 해야 했나 보다. 그가 의지할 것은 오직 하나님의 말씀이었다. 그는 하나님의 지시에 따라 길을 떠났다.

하나님의 비우기 작업은 야곱에게도 일어났다. 야곱은 에서에 대한 두려움 때문에 자신이 탐내어 쟁취했던 모든 것을 버려야 했다. 둘째 아들에 대한 리브가의 야망은 결국 그 아들을 품에서 내어놓아야 하는 아픔을 주었다. 리브가가 그토록 야곱의 손에 쥐어주려 했던 금수저는 나그네의 삶을 살아야 하는 야곱에게 아무 소용이 없었다. 해가 저물면 노상에서 돌을 베고 자야 했던 그에게는 무겁지 않은 짐 보따리 하나면 됐다.

도망쳐간 외삼촌 라반의 집에서도 그는 움켜쥐면 빼앗기고 비워져야 하는 삶을 살아야 했다. 라반은 야곱보다 더한 축적의 달인으로, 조카가 일구어놓은 것들을 빼앗곤 했으니까.

야곱은 사랑하는 여인 라헬에게서 노년에 얻은 요셉을 특별히 사랑했다. 요셉에게 무엇이든 많은 것을 쥐어주고 싶어 했던 야곱은 채색옷을 지어 그에게 입혔다. 그 옷으로 인해 어떤 일이 벌어질지 그는 알지 못했다. 자식을 위해 리브가가 야곱에게 입혔던 염소 새끼 가죽옷이나 야곱이 요셉에게 입혔던 채색옷은 그들이 그토록 익애했던 자식들을 자신의 품에서 떨어지게 했고, 자식들은 남의 집 더부살이를 하는 종의 삶을 살아야 했다.

부모를 의지해 성숙하지 못한 자유와 소유를 누렸던 '나'가 성숙한 자유를 누릴 자주적인 '나'를 찾아 떠나야 했던 데에는 하나님의 간섭하심이 있었다. 인간은 자기 스토리에서 벗어나기 어렵다. 그 한계를 뛰어넘게 하는 것은 하나님과 함께하는 스토리다.

비워야 쓰이는 지저스 스푼

아버지의 사랑을 독차지하며 형들의 행실을 고자질했던 요셉은 '아버지'라는 든든한 배경이 있어 나댈 수 있었다. 그는 아버지가 입혀준 알록달록한 채색옷을 팔랑거리며 돌아다녔다. 형들은 그 채색옷이 아버지의 사랑과 권위로 수놓아진 것임을 알았다. 열한 번째 까마득하게 어린 동생에게 장자의 권한이 주어질지도 모른다는 생각에, 형들은 멀리서 오는 채색옷만 보아도 부아가 치밀었다.

요셉의 채색옷은 그에게 특권의식을 입혔고, 형들을 고자질하는 성숙하지 못한 자유를 누리게 했다. 거기다가 부모와 형들보다 높아지는 꿈까지 꾸었다며 떠벌리고 다니니, 형들에게는 눈엣가시였다. 형들은 요셉의 채색옷을 찢어버리고 싶었다. 그러나 요셉에게는 아버지 야곱이 버티고 있었다.

드디어 기회가 왔다. 아버지의 시야를 멀리 벗어난 곳에서 요셉을 만난 형들은 그 채색옷을 갈기갈기 찢어버리고 그를 웅덩이에 던져넣었다. 입고 있던 채색옷이 찢기자 아버지의 보호와 권세가 그를 떠났다. 그는 옷이 벗겨진 채 구덩이에 빠진 불쌍한 아이일 뿐이었다. 요셉은 성장통을 톡톡히 치르고 있었다.

형들은 요셉의 채색옷에 죽은 짐승의 피를 묻혀 아버지 앞에 가져갔다. 아버지에 대한 잔인한 복수였다. 그리고 요셉은 형들에 의해 애굽의 종으로 팔렸다.

이야기가 중반부로 들어섰으니, 우리가 그토록 원하는 아버지가 입혀주는 채색옷이나 어머니가 입혀주는 가죽 털옷에 대한 미련의 농도가 좀 줄어들어도 좋으련만. 아니면 우리는 알몸으로 웅덩이에 빠질 수도 있다.

인간이 비울 때 하나님은 채울 준비를 하고 계신다. 하나님께서 일하실 공간을 만들어드려야 한다. 혈육이 입힌 채색옷이 찢겨질 때 '나'를 뛰어넘게 된다. 내 속에 버팀줄로 자리 잡고 있던 친척, 아비 집을 떠날 때 내 영혼은 비어진 공간을 주께 내어드릴 수 있다.

요셉은 두 번이나 옷 때문에 낭패를 본 사람이다. 두

번째 옷은 그에게 보디발이 입힌 옷이다. 동침하자고 요셉의 옷 자락을 잡아끄는 보디발 아내의 손에 그 옷을 버려두고 나온 것이 문제가 되었다. 그 옷은 파렴치한 성추행범의 증거물로 둔갑했다. 그 옷을 버리지 않았다면 그는 보디발 아내의 치마폭에서 많은 것을 누리며 살 수 있었을지 모른다. 그러나 요셉에게는 채색옷에 대한 미련이 이미 없었다. 그는 과감히 보디발이 입힌 옷까지 버렸다. 버려야 채울 수 있다는 원리를 알고 있었던 그는 하나님이 입히실 옷을 꿈꾸며 사는 자가 되어 있었다. 결국 그는 금사슬을 목에 걸고, 왕이 내린 왕의 인장 반지를 끼고, 세마포옷을 입게 되었다.

그는 하나님이 들어 쓰신 지저스 스푼이었다. 세상의 것으로 가득 찬 나를 버리는 혹독한 과정을 거치는 13년간의 훈련으로 새로운 나를 살게 된 사람이었다. 아버지가 입힌 옷이 살붙이가 찢기듯 찢겨지고, 형제들이 밀어 넣은 구덩이의 상처를 안고 종살이를 하고, 성범죄자로 옥살이까지 한 그의 삶을 '범사에 형통한 삶'(창 39:3)이라고 했으니 아이러니하다. 그러나 그것이 더 좋은 것으로 채우시기 위한 하나님의 비우심의 비밀인 것을 지저스 스푼은 안다.

chapter 7

과거도 허비하지 않는다

아픈 과거의 공격

"과거는 정말 생각하기도 싫다."

"지난 일은 다 잊고 싶다."

"어렸을 적 일은 정말 끔찍하다."

아픔을 감당해야 하는 고통스러운 과거를 기억하며 살고 싶
은 사람은 별로 없을 것이다. 그러나 과거를 잊고 싶다면서 그
과거를 붙들고 사는 사람들도 많다. 현재 속에서 과거의 고통을
반복해서 재현하며 살거나 과거와 싸우느라 미래를 준비하지 못
하며 산다. 만약 요셉이 형들에 의해 옷이 벗겨져 구덩이에 빠지
고 노예로 팔린 과거만 붙들고 살았다면 어떻게 되었을까? 그는
평생 분노의 구덩이에서 빠져나오지 못하지 않았을까?

내 어릴 적 취미 중 하나는 무협지를 읽는 것이었다. 무협지에서는 옷자락을 날리며 씽씽 날아다니고, 천하일색 미인이 등장하고, 장풍으로 대적을 날려 버린다. 당시 유행하던 무협지의 내용은 거의 비슷했다. 과거에 부모나 형제나 가문을 해친, 결국은 나를 해친 원수를 갚는 이야기였다. 멋진 징이 박힌 긴 부츠를 신고 말을 타고 황혼을 달리는 서부활극도 마찬가지였다. 주인공들은 과거의 원수 갚는 일에 세월을 다 허비했다. 무협지나 서부활극은 대상이 분명했고, 그런대로 낭만이라는 것도 있었다.

그런데 요즘 우리의 원수 갚기는 대상이 모호하다. 삶에 대해 분노하며 이를 가는 사람들은 자신이 왜, 누구에게 원수를 갚으려고 하는지 잘 모른다. 참 묘한 일은 사람들의 원수 갚기 중 많은 부분이 자신의 고통스러웠던 과거에 대한 것이라는 점이다. 무슨 말인지 어리둥절한가? 그렇다면 사람들이 하는 말을 들어 보라.

"지난 일 때문에 내가 이렇게 되었어!"

"어렸을 적 그 일 때문에 내 인생이 이렇게 된 거야!"

"부모님이 나를 이렇게 만들었어!"

나를 이렇게 살게 한 그 원수 같은 대상은 결국 과거인 것이다. 그러니 어리석은 사람의 원수 갚기는 현실 속에서 과거의 고통을 반복해서 재현하며 사는 것이 된다. 이게 대체 무슨 일인가? 고통의 과거는 현재의 나를 공격하고, 현재의 나는 미래의 나를 죽이는 꼴이라니. 어떻게 하면 고통스 러웠던 과거에서 자유로워질 수 있을 까? 나를 무기력하게도 하고 분노하 게도 하는 과거의 고통은 꽤나 끈질 기게 우리 삶의 진전을 막는다. 마 치 뒤에서 허리를 잡아끄는 올가미 처럼 말이다.

심리학자들은 고통스러웠던 과거가 잠재의식 속에 웅크리고 있다가 조금만 자극을 주어도 우리 삶을 공격한다고 말한다. 나 를 공격하는 과거에 대해 우리는 어떻게 반응하는 걸까? 나를 둘 러싸고 있는 모든 환경에 대해 분노하고 원수를 갚으려 하거나 '인생이란 다 그런 거지 뭐. 고달프게 살다가 죽는 거지' 하고 과 거를 운명으로 받아들이는가? 아니면 '과거는 잊어야 해, 이겨내 야지' 하고 승부근성을 강조하며 자신의 연약함을 인정하려 하 지 않는가? 아니면 '지나간 일이니 참아야지' 하고 낙관적으로 피 해 가는가?

우리가 과거의 아픔과 대면하지 않으려 한다면 허무주의자가 되거나, 대인관계를 소홀히 하여 자신을 외롭게 하거나, 꿋꿋해 지기 위해 인생을 전투장으로 만들거나, 자신도 무거운 인생의 짐을 지려 하지 않을 것이다. 또 고통당하는 사람들을 외면하게 될 것이다. 그렇다면 아픈 과거가 나를 공격하게 하지 못하게 하는 방법은 없는가?

삶이 그리 만만하지 않다는 것을 알게 되는 때는 대부분 꽤 나이가 들어서이다. 물론 사람에 따라 다르겠지만 '오우! 인생은 아름다워'라며 인생을 찬미하는 사람은 별로 많지 않을 것 같다. 덤덤히 살아가는 것, '이게 인생이겠거니'라며 그저 살아가는 것을 다행으로 여기며 사는 사람들, 맛없이 사는 인생이 일반화 된 인생 아닌가?

물론 요즘은 맛있게 살려고 맛집 여행을 다니기도 하고, 좋은 세상 오래 살려고 열심히 운동을 하는 이들도 많다. 좋은 일이다. 그런데 한편으로는 왜 이렇게 우울증 환자가 늘어나는 걸까? 자살자는 왜 이렇게 늘어나는 걸까?

인생이 끝나는 날, 우리의 인생에 어떤 이름을 붙일 수 있을까? 노년의 야곱은 애굽의 바로 왕 앞에서 '인생의 나그네 길은 험악한 세월이었노라'(창 47:9)라고 고백한다. 그런데 험악한 인생을 살아왔다고 말하는 야곱이 현재를 호화롭게 사는 왕을 축복하고 나온다.

이건 의미 있는 대목이다. 사람이 자신의 험난한 과거를 다른 사람 앞에서 드러낼 수 있다는 것은 그만큼 삶에 대해 유연해졌다는 거다. 자신의 과거를 수용한다는 뜻이다. 대부분의 사람들은 자신의 험난한 세월을 드러내는 것을 꺼린다. 흙수저로 살아온 삶이라면 더욱 그렇다. 그런데 인생의 광야를 제대로 거친 사람은 과거를 이야기할 수 있다. 그런 사람이 타인의 현재를 축복할 수 있다. 이건 아픈 과거가 더 이상 나를 공격하지 못하게 하는 방법이기도 하다.

우리는 야곱의 험난한 과거를 대략 알고 있다. 그는 소싯적에 빼앗는 것, 경쟁하는 것이 삶이라고 생각했다. 그의 어머니 리브가도 빼앗아서라도 움켜쥐는 것이 인생이라고 부추겼다. 꽤나 인기를 끌었던 드라마 〈SKY 캐슬〉에 나오는 부모들처럼. 그러나 리브가나 야곱은 그 삶이 얼마나 큰 대가를 치러야 하는지 모르고 있었다.

야곱은 광야로 내쳐졌고, 허허벌판에서 돌베개를 베고 잠을 자야 했으며, 외삼촌 라반의 집에서 더부살이하면서 20년을 일해야 했다. 낮에는 더위, 밤에는 추위를 무릅쓰고 눈 붙일 겨를도 없이 지냈다(창 31:40). 그러나 그에게 돌아오는 대가는 라반의 아들들의 모함과 야곱의 재산을 빼앗기 위한 라반의 속임수뿐이었다. 라반은 야곱의 품삯을 열 번이나 바꿨다. 그러면서 야곱은 빼앗기는 자의 아픔을 알게 되었고, 형에 대한 죄책감은 그림자처럼 따라다니며 그를 괴롭혔다.

처자식을 거느리고 야반도주를 하여 얍복나루에 홀로 남았을 때, 그는 자신이 이룬 혈육과 소유를 다 떠나보냈다. 그는 홀로 청산해야 할 것이 있었다. 자신의 과거였다. 사기꾼으로 살았던 삶, 종살이하며 살았던 삶. 그는 삶의 광야를 통과하며 과거를 청산해야만 자신의 미래가 열린다는 것을 알았다.

그의 과거가 얍복나루 건너편에서 원수처럼 다가오고 있었다. 부인할 수도, 합리화할 수도, 도망갈 수도 없는 과거가 죽음 같은 괴로움으로 그를 압박해왔다. 우리의 과거를 드러내는 일은 삶과 마음을 온통 뒤흔들어 놓는 일이다. 그러나 한 번은 그 과거와 씨름해야 한다. 그는 자신의 힘의 근원이었던 허벅지 관절이 어긋나도록 하나님을 붙들고 씨름했다. 무능하고 죄악 된 자신의 실상을 보기 위해서는 창조주 앞에 무릎을 꿇을 수밖에 없다. 과거에 얽매어 살지 않으려면 하나님께 자신의 과거를 토설해야만 했다.

내가 입을 열지 아니할 때는 종일 신음하므로 내 뼈가 쇠하였도다
시 32:3

하나님을 만난 사람들은 얍복나루에서 있었던 야곱의 씨름이 낯설지 않을 것이다. 한 번쯤은 하나님 앞에서 눈물 콧물 흘리며 입을 열어 과거를 회개한 적이 있었을 테니까. 과거가 어려서부터

현재까지 일들을 필름 돌리듯 풀어낼 때, 하나님 앞에서 몇 시간을 뒹굴며 울었다는 한 집사는 아픈 과거를 이겨냈다고 했다. 밤새 철야기도를 하며 하나님을 붙잡고 늘어지던 야곱을 하나님은 축복하셨다.

해가 돋았다. 칠흑같이 어두운 밤을 지새워보지 않은 사람은 해가 그렇게 찬란한지 모른다. 야곱은 어두운 과거에서 빠져나왔다. 야곱은 에서와 화해했다. 야곱은 과거와 화해한 것이다.

우리의 과거도 들어 쓰신다

하나님은 우리가 어떤 삶을 살았든, 그 삶을 그저 쓰레기통에 던져버리지 않으신다. 그분은 우리의 과거도 재활용하신다. "내 인생을 책으로 쓰면 열 권은 나올 거다"라는 권사, 개망나니로 살았다는 아무개 집사, 어린 시절 매일 술주정뱅이 아버지에게 얻어맞고 가출을 밥 먹듯 했었다는 어느 교회 목사, 죽을 고비를 몇 번 넘기고 살아났다는 장로….

그들의 인생은 '예수님을 만난 이후' 달라졌다. 그리고 자신들의 그늘도, 양지도 사용하시는 하나님의 인생 사용법에 놀라게

된다. 하나님의 '지저스 스푼 사용 매뉴얼'에는 우리의 모든 것이 들어 있다. 비천한 출생, 가난했던 어린 시절, 부모, 학교생활, 우정, 사랑, 고통, 재능, 경력, 상처 등. 그 모든 것을 하나님은 알뜰살뜰 챙겨서 사용하신다. 우리의 과거에서 버리고 싶었던 약점이나 고통까지도 사용하신다. 하나님이 내 삶의 단편들에 의미를 부여하시면 버릴 것이 없다. 우리가 그렇게 끔찍하게 싫어했던 과거의 고통까지도 하나님의 계획 안에서 하나의 역할을 하는 것이다.

과거에 세리였던 사람이 있었다. 그는 사람들의 멸시를 받는 천민이었다. 정복자를 위해 세금을 징수하는 그는 사람들에게 매국노라고 손가락질 당했다. 유대인들은 그의 뒤에서 침을 뱉었다. 미워했다. 그는 세관에 앉아 여행자들의 짐을 검사해서 불법으로 반입하는 물건에 무거운 세금을 매기고 꼼꼼히 기록했다.

어느 날 세관을 지나가시던 예수님이 그를 부르셨다. 예수님이 그에게 "나를 따르라"라고 말씀하셨다. 그는 하나님의 지저스 스푼으로 채용되었다. 대박이다! 그는 모든 것을 버리고 자리를 털고 일어섰다.

그가 손에 들고 있던 것은 세금을 기록하던 펜 하나였다. 예수님은 그 펜을 사용하셨다. 그는 예수님을 따라다니며 그분의 행적을 낱낱이 기록했다. 그는 그 펜으로 복음서를 썼다. 그가 마태복음을 쓴 세리 마태이다.

예수님은 우리의 과거를 삶의 자원으로 받아들이게 하신다. 고통까지도 낭비하게 하지 않으신다. 우리가 경험했던 실패, 육체의 고통, 상실의 아픔, 상처까지 사용하신다. 그것들은 지저스 스푼의 강력한 무기가 된다. 실패로 우는 사람에게는 실패자가 멘토가 되게 하고, 상처의 고통을 앓는 자에게는 상처의 고통을 앓아 본 사람으로서 위로자가 되게 한다. 병든 사람에게는 병을 치유 받은 사람이 희망이 되는 법이다.

나는 예전에 암을 앓았다. 성령님은 그 경험을 종종 사용하신다. 어느 날 한 중년 여인이 우리 교회를 찾아왔다. 중국에서 살다왔다고 했다. 한국에 왔지만 사는 것이 막막해서 어느 선교사님이 준 교회 주소를 들고 찾아왔다고 했다. 남편이 사업에 실패하면서 가진 걸 다 잃고 암까지 걸려 수술을 했지만 살 소망이 없다고 했다. 성도들은 그녀의 남편을 위해 간절히 기도했다. 병문안도 가려고 했지만 그녀는 펄쩍 뛰면서 거절했다. 남편이 예수 믿는 사람들을 너무 싫어한다는 것이다. 그녀는 남편이 성도들에게 모욕적인 언행을 할 것을 겁내고 있었다.

나는 이따금 멍청해질 때가 있다. 나름 예의 바르다는 내가 예의 없는 짓을 하게 될 때이다. 한 끼를 금식하고 먼 길을 찾아갔다. 욕을 한다는 사람에게. 그녀의 남편은 혼자 병실에 누워 있다가 퉁명스럽게 한마디 하더니 나가 달라는 몸짓을 했다. 떫은 감을 씹은 듯 거절을 맞고 있는데, 순간 눈에 들어오는 것이 있었다. 수술 환자들이 부는 풍선 같은 기구였다.

"수술하시고 저거 부느라고 힘드셨지요? 나도 수술하고 저거 부느라 힘들었어요."

내 말에 그 양반, "암 수술하셨어요?"라며 몸을 일으켜 세워 앉았다.

"그럼요."

우리는 아주 화기애애(?)하게 병에 대해 이야기를 나누었다.

"저처럼 나을 수 있어요."

내 말에 그는 눈을 반짝였다.

"제가 기도해드려도 될까요?"

"예."

나는 그를 위해 기도했고, 그는 "아멘" 했다. 허겁지겁 병실에 들어온 그녀는 너무 놀라 "세상에, 세상에" 하고 있었다. 하나님은 우리의 고난 스토리를 멋지게 사용하신다.

또 이따금 나는 과거의 페이지를 들춰 고통스러웠던 이야기를 꺼낼 때가 있다. 너무 억울해서 못 살겠다는 사람 앞에서 내가 당했던 억울한 이야기를 들려준다.

나는 20년간 학교 복음화를 위해 학생들과 함께 기도했다. 하나님은 전혀 교장이 될 생각이 없던 나를 그 학교의 교장으로 삼으셨고, 교장이 된 나는 새로운 이사장과 함께 그 학교를 기독교 학교로 세우기로 했다. 학교에 난리가 났다. 기독교 학교를 반대하는 학부모들이 찾아와 회유하려 했지만 듣지 않자 40명의 학부모 결사대가 조직되었다. 불신자인 일부 교사들까지 합세해서 나를 괴롭히기 시작했다. 모함하는 글을 인터넷에 올리고, 전교생의 학부모에게 모함의 편지를 써서 보냈다. 그 편지에 담긴 온갖 거짓이 내 숨통을 조여 왔다. 시도 때도 없이 걸려오는 협박 전화와 모함들.

나는 악성댓글 때문에 자살하는 사람들의 심정을 알게 되었다. 억울한 일을 당한 사람에게 가장 무서운 일이 무엇인지 아는가? 자존감이 짓밟힌다는 것이다. 그들이 내 존재 자체를 의미 없는 것처럼 만들 때면 한없이 무기력해진다. 자신의 기억과 함께 사는 존재인 인간이 자존심을 상실하면 삶을 감당할 수 없게 된다. 나는 억울한 일을 당하고 있는 사람에 대해 제법 공감 능력이 높은 사람이다. 같은 일을 당해보았으니.

과거에 조폭이었던 사람을 하나님은 불량 청소년들의 선교사로 보내시고, 과거에 알코올중독자였던 사람을 알코올중독자에게 보내신다. 보내지는 지저스 스푼들은 자신의 못나고 아팠던 과거를 훈장처럼 달고 "저도 그랬어요, 당신처럼" 하고 다가선다. 그가 나인 것 같아 사랑할 수밖에 없는 마음으로.

하나님은 그렇게 우리의 고통까지도 사용하신다. 지저스 스푼은 과거의 고통을 허비하지 않는다. 지저스 스푼의 섬김은 주변 사람들에게 자신의 과거가 예수 그리스도를 만난 후 어떻게 변했는지를 보여줌으로 그들의 현재가 바뀌고 미래를 준비하게 한다.

지저스 스푼은 길다. 그래서 자신의 입에는 그 스푼을 넣을 수가 없다. 실험해보아도 좋다. 아주 긴 숟가락이나 젓가락으로 제 입에 음식을 넣기가 얼마나 어려운지. 긴 스푼으로는 내 앞에 앉아 있는 그의 입에 음식을 넣어줄 수 있을 뿐이다.

chapter 8

포기되지 않는 나

7포 시대를 사는 사람들

그동안 우리는 갈등의 사회를 살아왔다. 그것이 생활 변화와 일상생활의 문젯거리 다음으로 우리에게 스트레스를 주는 원인이었을 것이다. 갈등은 한 가지 목표를 만족시키기 위해 어쩔 수 없이 다른 한 가지를 포기해야 하는 상황에서 생긴다. 갈등 때문에 안절부절하거나 머리를 싸매고 고민하느라 에너지를 소모하면서 '스트레스 받아 못 살겠다'라고 투덜거리며 살았다. 그래도 선택할 수 있는 하나는 늘 우리 앞에 남아있었다. 투덜거리며 살 에너지의 활력이라도 있던 시대였다.

우리는 토끼와 거북이의 경주에 이의를 제기할 수 있다. 왜 거북이는 경주 장소에 대해 갈등하지 않은 걸까? 토끼와 싸움이라도 해야 했던 거 아닌가? 조금은 영리해졌을지도 모르는 요즘 거북이라면 어떻게 했을까? 머리 터지게 싸움이라도 해서 토끼를 바다로 끌고 갔을까? 아니면 '그래, 나는 육지라도 가능하지만 너는 물에 들어가면 물귀신이 될지도 모르니 내가 참자' 하는 평화주의나 박애정신이 투철한 거였을까? 아니면 '열심히 하면 승부수가 있을지도 몰라' 하는 도전정신 때문이었을까? 아니면 '타고난 대로 살지 뭐, 거북이는 느리고 비공격적인 파충류지'라고 반 포기한 것이었을까?

우리가 사는 요즘 시대의 작가들은 거북이에게 절대로 어리석은 경주를 시키지 않을 것이다. 경주를 시작하기도 전에 거북이가 포기하고 목을 단단한 갑 속에 움추려 넣을 것이 뻔하기 때문이다. 그리고 이렇게 말할지도 모른다.

"포기할 수밖에 없어."

그리고 귀찮다는 듯 잠을 잘지도 모른다.

구직자 중 자신을 흙수저로 생각하는 사람이 59퍼센트라고 한다. 그들은 취업이 힘들뿐더러 아무리 노력해도 계층 상승은 절대 안 될 것이라고 믿는다. 부모의 사회적, 경제적 배경에 따라 자식의 학력은 물론 취업에까지 격차가 점점 벌어지는 현실을 보면서 인생의 출발점이 다르기에 어쩔 수 없다며 현실을 포기하는 것이다. 그들은 확신한다.

'개천에서는 절대로 용이 날 수 없다.'

그래서 이 시대는 '포기의 시대'가 되었다. 선택의 여지조차 주어지지 않는 포기의 시대. '연애, 결혼, 출산'을 포기한다는 3포 세대에 이어 '내 집 마련, 인간관계'까지 포기한 5포 세대란 말이 등장하더니 '꿈, 희망'까지 놓아버린 7포 세대에 이르렀다. 가장 활기차야 할 우리의 20-30대 젊은이들이 '포기하고 싶은가?'라는 질문에 85.95퍼센트가 '그렇다'는 서글픈 대답을 했다. 포기하려는 이유는 '지금 사회에서 이루기 힘들기 때문에', '갈수록 어려워지는 취업 때문에', '포기하는 게 마음이 편해서'였다. 그들은 7포 세대의 원인이 '사회 구조'와 '여유롭지 않은 가정 형편' 탓이라고 했다.

금수저가 이길 수밖에 없는 사회 구조, 그리고 그 지긋지긋한 흙수저의 삶, 달려보았자 승부가 바뀔 수 없는 경기, 선택의 여지가 없는 답답한 현실…. 발버둥 쳐도 안 될 것 같으니 마음 편하게 포기하겠다는 세대에게 미래를 주지 못하는 기성세대의 좌절…. 우리는 요즘 이렇게 살고 있다.

그런데 사실 포기의 시대는 인간 사회에 끈질기게 이어져왔다. 우리의 할아버지나 부모 세대는 '대포 세대'였다. 치맥 세대에겐 다소 생소한 언어겠지만, 여기서 '대포'란 '커다란 대접에 마시는 막걸리 한 잔'을 말한다. 닭다리가 아니라 빈대떡 한 접시를 앞에 놓고 앉아 막걸리 한 잔 벌컥벌컥 들이키며 '입은 절대로 둘이어서는 안 돼' 하며 껄껄 포기를 웃어주던 시절, 입 하나에 풀칠하기도 힘드니 그 입이 둘이 되어서는 절대 안 된다고 말하던 세대였다.

포기해야 할 것조차 없어 대포 한 잔 마시고 그 힘으로 일어나 등짐을 지던 세대였지만, 그 어르신들은 '포기'라는 말을 쉽게 하지 않았다. 그들은 등짐 같은 인생을 그저 묵묵히 살아냈다. 우리가 금수저를 쥐어주지 않았다고 은근히 원망하는 우리의 부모 세대는 그렇게 살았다.

나를 포기하면 안 된다

나는 이따금 독자들에게 메일 상담을 받는다. 20대 청년들의 메일은 너무 가슴이 아프다. 그들은 어른들이 상상할 수 없을 만큼 지쳐 있다. 정말 지푸라기라도 잡는 심정으로 보낸다는 청년들의 메일에는 어린 나이에 피멍이 든 사연들이 너무 아프다.

"정말 '내가 왜 태어났을까' 하는 질문을 수도 없이 많이 했습니다."

"어디서부터, 무엇이, 언제부터, 어떻게 잘못되었는지 모르는 일들... 가슴 한켠에 돌덩이를 안고 바다 깊숙이 가라앉고 있는 것만 같아요."

"전 제가 누구인지, 뭘 좋아하는지, 어떤 사람인지 정말 모르겠어요. 아직도..."

"스물일곱, 정말 많이 지쳤네요. 휴, 정말 삶이 버겁네요."

"저는 스스로 벽을 쌓고 외로움을 즐기는 척, 그런 사람으로 커가고 있었어요."

"저는 '사랑'이라는 것에 큰 상처를 가지고 있습니다."

"저는 몇 번이나 죽음을 생각했습니다. 점점 늙어가시는 부모님. 나는 명절이면 도망을 갑니다. '너 취직했니?' 그 소리가 무서워서요."

이런 긴긴 사연의 메일을 읽다보면 너무나 무기력한 나를 보게 된다. 그들은 자신을 포기하고 싶다고 한다. 도대체 그들에게 내가 어떤 말을 해줄 수 있을까? 지금 이 책을 쓰고 있는 것도 어쩌면 그들에게 무언가 말하고 싶어서인지도 모르겠다.

젊은이의 문제는 또한 부모의 문제이기도 하다. 포기할 수 없는 자식을 붙들고 울고 있는 부모들도 있다. 어느 날 "제발 도와주세요"라는 제목으로 메일이 왔다. 제목부터 절실함이 느껴졌다. 그녀는 서른한 살 아이의 엄마라고 자신을 소개했다.

"아들 상담을 받고 싶어요. 3년째 공무원 시험을 준비하며 공부했는데 지금은 불안으로 힘들어하고 있어서요. 1년 정도 된 것 같은데, 요즘 들어 심해요."

나는 그들에게 이렇게 말하고 싶었다.

"나를 포기해서는 안 돼요."

그런데 '나'는 무얼까? 연애, 결혼, 출산, 내 집 마련, 인간관계, 꿈, 희망. 나에게서 이 일곱 가지를 빼면 무엇이 남는 걸까? 그들은 이미 80퍼센트 이상이 포기하겠다고 하는데….

금수저, 흙수저를 가슴 아픔 없이 마구 지껄여대서는 안 된다. 말은 창조의 기능을 갖고 있으니까. 부정적이든 긍정적이든 말에는 에너지가 있다. 우리 의식 속에 깊이 파고드는 힘과 확산시키는 능력이 있다. 그런데 그런 '말'을 가지고 하나님의 창조의 오묘함을 단순한 이분법적 사고로 갈라놓는 것은 창조주에게 죄를 범하는 것이 아니겠는가?

'죄'에 대한 원어에는 여러 의미가 있는데 그중에 '파라바시스'(parabasis), 즉 '밟고 넘어간다'라는 뜻도 있다. 그러니 인간은 하나님의 선을 넘어가서는 안 된다.

포기하는 이유는 누구에게 있는가

'포기'라는 말에는 시작해보기도 전에 힘이 빠지게 하는 독성이 있다. 이 말이 가슴을 아프게 하는 것은 사실이지만, 냉정히 생각해볼 필요는 있다. 포기할 수밖에 없는 합리화를 조장할 필요는 없으니 말이다.

앞서 포기하게 하는 이유가 사회 구조와 여유롭지 않은 가정 형편 때문이라는 조사 결과가 있다고 했다. 그런데 가만히 보면 다 '네 탓'이다. 내 인생이 사회나 부모의 것임을 인정한다는 건가? 내 인생이 내 것이 아니라면 사회나 부모에게 굳이 화를 낼 필요도 없다. 나 자신의 것이니까.

성경 속에서 예수님이 사람에게 하시는 질문을 들여다보면 간혹 당연한 것을 물으실 때가 있다. 예수님이 여리고에 가까이 가셨을 때, 한 맹인이 길가에 앉아 구걸을 하고 있었다. 갑자기 주변이 어수선하더니 사람들이 몰려가는 소리가 들리자 그는 지나가는 사람에게 무슨 일이냐고 물었다. 예수님이 지나가신다는 소리를 들은 그는 벌떡 일어나 소리를 지르기 시작했다.

"예수여, 나를 불쌍히 여기소서."

사람들이 잠잠하라고 그를 윽박질렀다. 사람들이 윽박지를수록 그는 포기하지 않고 더 크게 소리를 질렀다. 포기하는 사람에게 기회는 등을 보이기 때문이다. 예수님이 그에게 물으셨다.

"네게 무엇을 하여 주기를 원하느냐?"

맹인이 그렇게 절박하게 부르짖은 이유가 무엇 때문이겠는가?

"주여, 보기를 원하나이다."

예수님이 당연한 질문을 하신 것은 맹인에게만이 아니었다.

베데스다못에는 천사가 가끔 내려와 물을 움직이게 하는데, 그후에 먼저 들어가는 사람은 누구나 병이 낫는다는 속설이 있었다. 그래서 수많은 병자들은 물이 동하기를 기다리며 그 주위에 몰려 있었다. 그중에 38년 된 병자가 있었다. 예수님이 그를 보고 물으셨다.

"네가 낫고자 하느냐?"

예수님은 왜 당연한 걸 물으셨을까? 우리의 의지를 물으신 것이다. 내가 무엇을 원하고, 무엇을 하고자 하는지 나에게 달려 있다는 것이다. 주님은 이 고백을 그분을 향한 우리의 믿음으로 보신다.

어렸을 때 어른들이 과자를 들고서 나에게 시킨 일이 있다. 두 손을 내밀며 "주세요"라고 말하라는 거였다. 그때 "주세요"라는 말은 "당신이 줄 것을 믿어요"라는 고백이다.

베데스다 행각 안에는 많은 병자가 있었다. 맹인, 다리 저는 사람, 혈기 마른 사람 등. 그런데 왜 예수님은 38년 된 병자에게 물으셨을까? 38년 된 병자는 이렇게 대답했다.

"주여, 물이 움직일 때에 나를 못에 넣어주는 사람이 없어 내가 내려가는 동안에 다른 사람이 먼저 내려가나이다."

그는 물이 동할 때를 끈질기게 기다렸다. 물이 동하면 그는 움직이기 힘든 몸으로 뒹굴어서라도 물속으로 들어가려 했지만 38년 동안 실패했다. 그를 물에 넣어주는 사람도 없었다. 그럼에도 그는 매번 내려가려는 시도를 포기하지 않았다. 38년 동안. 적어도 자신의 삶은 자신이 책임져야 할 과제라고 생각했다. 남이 윽 박지르든 말든, 도와주든 도와주지 않든, 그는 자신의 삶을 붙잡고 끈질기게 늘어졌다.

포기의 특징은 삶의 책임을 남에게 전가하는 것이다. 사회 탓, 부모 탓, 형제 탓, 교회 탓, 가난 탓, 건강 탓…. 맹인이나 38년 된 병자에게는 포기할 이유가 너무 많았다. 지금부터 종이를 꺼

내 '내가 포기해야 할 이유'를 써보라. 맹인이나 38년 된 병자보다 포기할 이유가 많을 수도 있다. 하지만 적어가다 보면 깨닫게 될 거다. 나를 포기하게 만드는 것은 나 자신이지, 포기해야 할 이유가 아니라는 것을.

찰스 램은 자신이 알고 있는 아주 우수한 청년에게 기대를 가지고 있었다. 그런데 그 청년은 그의 기대에 어긋나게 이것저것 포기하며 살아가다가 그보다 일찍 생을 마쳤다. 찰스 램은 안타까워하면서 그 청년의 생애에 대해 이렇게 말했다.

"나는 그를 보며 처음에는 '그가 무엇을 할까?'를 생각했다. 그 다음에 '그는 하고자 한다면 할 수 있는 사람이다'라고 생각했다. 그 후 나는 '그가 하려고 생각만 했어도 되었을 것인데'라고 생각했다. 정말 애석한 일이다."

'죄'라는 말의 의미 중 가장 보편적으로 통용되는 것은 '하마르티아'(hamartia), 즉 '과녁을 향해 쏜 살이 빗나갔다'라는 뜻이다. 화살을 쏜 사람의 의도와 다르게 과녁을 맞추지 못했다. 윌리암 바클레이는 이 말을 이렇게 해석했다.

"죄란 우리가 되어야 할 것이 못 되고, 할 수 있

는 것을 하지 못한 것이다."

세 가지 이야기

나는 몇 가지 이야기를 통해 이 말의 의미를 좀 더 깊이 생각해보려 한다.

첫 번째 이야기, 만약 당신이 어느 날 양 백 마리를 데리고 산으로 올라갔다고 하자. 양들은 푸른 풀밭에 흩어져 풀을 뜯고 있었고, 하늘은 높았다. 그런데 양 떼를 돌아보던 당신은 깜짝 놀랐다. 양 한 마리가 사라진 것이다. 평소에도 당신의 속을 썩이던 양이었다. 산을 내려갈 시간이 가까워지며 저녁노을이 물들고 있다. 아흔아홉 마리의 양은 당신을 향해 모여들고 있었다.

자, 당신은 결단을 해야 한다. 한 마리 양을 찾아 나설 것인가, 포기할 것인가? 이건 굉장히 위험한 선택이다. 아흔아홉 마리의 양과 당신에게도. 어쩌면 한 마리를 찾다가 열 마리, 재수가 나쁘면 아흔아홉 마리를 다 잃게 될지도 모른다. 막대한 손해가 날 수도 있다. 고민하던 당신은 한 마리 양을 포기하기로 한다. 당신은 잃은 양을 아쉬워하거나 속만 썩이던 그 양을 투덜투덜 욕하며 산을 내려가고 있을지도 모른다.

두 번째 이야기, 당신이 귀하게 여기던 동전 열 개가 있었는데 그중 하나를 잃어버렸다. 당신은 집 안의 불이란 불은 다 켜고 구석구석을 쓸어가며 동전을 찾아다녔다. 침대 밑도 들여다보고 옷장 밑도 들여다보면서 땀을 흘리며 동전을 찾던 당신은 문득 화가 치민다. 자신의 부주의를 탓하거나 주변 사람을 의심하던 당신은 시계를 본다. 중요한 미팅이 있다. 이 미팅에서 당신은 동전 백 개를 얻을 수 있다. 당신은 동전 한 개쯤은 포기해도 좋다고 생각한다. 당신은 급히 동전 아홉 개를 서랍에 넣어두고 집을 나선다.

세 번째 이야기, 당신의 말썽꾸러기 둘째 아들에 대한 이야기다. 당신이 죽지도 않았는데 뻔뻔하게 유산 상속을 요구한 당신의 둘째 아들은 재물을 싹쓸이해서 먼 나라로 떠나버렸다. 간간이 들리는 소문에 그 아들이 외국에서 허랑방탕하여 재산을 다 잃고 돼지치기가 되었다고 한다. 당신은 둘째 아들만 생각하면 부아가 치민다. 당신은 사람들에게 '둘째를 아들로 여기지 않는다'라며 아들을 포기했노라고 말하곤 했다. 둘째만 생각하면 화병에 불덩이가 마음을 헤집는다. 돌아오기만 하면 내쫓아버릴 생각을 하고 있다. 큰아들은 혹시 재산 분배에 문제가 생길까봐 법정 서류를 준비했다.

'당신'이라고 해서 미안하지만, 사실 이 이야기는 사람들의 이야기다. 이 이야기의 공통점은 포기가 무척 빠르다는 것이다. 우리는 참 포기가 빠르다. 사람에 대해서도, 삶에 대해서도, 꿈에 대해서도, 하늘의 분깃에 대해서도, 자식까지도. 우리는 이 세 가지 이야기를 읽으면서도 별로 심각해지지 않는다. 우리가 사는 세상에서 늘 있는 이야기니 말이다. 그런데 예수님은 이 이야기들의 반전을 쓰셨다(눅 15장). 약간 각색하면 이렇다.

첫 번째 이야기는 무모한 결단에 관한 이야기로 이어진다. 목자는 잃어버린 한 마리 양을 찾아 떠난다. 지금 그에게는 오직 길을 잃고 울며 떠도는 양 한 마리밖에 없었다. 그는 낭떠러지 쪽으로 달려갔다. 혹시 낭떠러지에 떨어졌으면 어쩌나. 그 길은 목자의 생명까지 위협하는 험한 길이었지만, 그는 포기하지 않았다. 그는 숲속으로도 달려갔다. 늑대에게 잡혀 먹히면 어쩌나. 그는 가시밭으로도 달려갔다. 드디어 여기저기 상처가 나서 울고 있는 어린 양을 찾았다. 그는 그 양을 품에 안았다.

"잘 참았어, 잘 참았어. 내 양아, 잘 참았어."

그는 즐거워하며 잃은 양을 어깨에 메고 돌아왔다.

두 번째 이야기는 동전을 잃은 주인이 최선을 다해 동전을 찾아다니는 것으로 이어진다. 주인이 동전을 찾아내지 못하면 그 동전은 쓸모가 없어진다. 그는 열심히 동전을 찾았다. 시간 가는 줄도 모르고 잃어버린 동전을 찾아 주변을 샅샅이 훑었다. 동전이 제 기능을 할 수 있도록 땀 흘려 찾았다. 드디어 동전을 찾아냈다.

세 번째 이야기는 아버지가 매일 동구 밖에 나가 배은망덕한 둘째 아들을 기다렸다는 것으로 이어진다. 우리가 보기에는 어리석은 사랑 이야기다. 부모도 제 실속을 차려야 자식들에게 버림받지 않는 세상인데, 이 아버지는 쥐엄 열매를 먹고 살며 거지 꼴이 된 아들을 멀리서부터 알아보고 달려와 목을 안고 입을 맞추었고, 손에 가락지를 끼우고 발에 신을 신겼다. 큰아들 눈치도 좀 보시지, 큰아들은 뿔이 났다.

자, 이 세 가지 이야기에 제목을 붙여보자. 무모한 선택? 끈질긴 열심? 측은히 여기는 무조건적 사랑? 어떤가, 당신도 제목을 붙여보라.

포기가 없으신 하나님의 열심

우리는 모두 첫 번째 이야기에 나오는 한 마리 양처럼 자기 멋대로 살아가고 있다. 누군가 "내 삶은 쓰레기 같았다"라고 했다. 하지만 우리가 조금 더 낫게 살았다 해도, 그것이 무슨 큰 차이가 있을까? 모두가 목자의 품을 떠난 죄인인 것을. 그런 우리를 하나님은 포기하지 않고 찾아 헤매신다.

우리는 다 양 같아서 그릇 행하여 각기 제 길로 갔거늘 여호와께서는 우리 모두의 죄악을 그에게 담당시키셨도다 사 53:6

나는 삶의 무게로 휘청거릴 때면 기도원을 찾아간다. 어느 날 찾아간 기도원에서 예수님이 푸른 초장에서 양 떼들과 함께 서 계신 그림이 눈에 들어왔다. 늘 보던 그림이었는데, 그날 유독 내

눈에 들어왔다. 다른 양들은 토실토실한데 예수님의 품에 안겨 있는 작고 병약해보이는, 고집스럽게 제 멋대로 살다가 온, 그래서 예수님 품에 안길 수 있었던 그 양이 꼭 나인 것 같아서 많이 울었다.

우리가 어떻게 살았든, 또 어떻게 살고 있든 하나님은 우리를 포기하지 않으신다. 그 하나님의 무모하신 사랑, 작은 자 중에 하나인 죄인 된 나를 포기하지 못하시고 독생자를 죄인인 나 대신 십자가에 못 박으신 무모한 선택과 사랑을 생각한다.

우리는 할 수 있는 일을 하지 못하고 숨겨진 채 포기하며 산다. 마치 어쩌다 옷장 밑으로 굴러 들어가 쓸모없어진 동전처럼 먼지를 뒤집어쓰고 어두움 속에 웅크린 채 살기도 한다. 그런 우리를 끝까지 포기하지 못하고 찾아내시는 주님. 그리하여 빛 가운데 드러나게 하시고 쓰임 받게 하시는 주님의 열심을 생각한다. 우리가 어떤 실패 때문에 제 몫을 못 하고 좌절해 있을 때도 찾아내시는, 포기하지 않으시는 하나님의 열심.

이는 남은 자가 예루살렘에서 나오며 피하는 자가 시온 산에서 나올 것이라 만군의 여호와의 열심이 이를 이루시리이다 사 37:32

나름 복음을 전한다고 열심을 내던 내가 무척 지쳐 있던 시기가 있었다. 그때 나는 정말 도망가고 싶었다. 패잔병처럼 숨고 싶었다. 병원 침대에 누워 주사를 맞으면서 모두 포기하고 싶다는 생각을 하고 있었다. 내 삶을 누르는 일들이 커다란 바위처럼 내 앞을 가로막고 있었다. 나는 그 바위를 피해 가고 싶었다.

'주님, 너무 지쳤습니다. 저는 자격이 없습니다.'

그때 나를 찾아오신 주님은 눈물의 기도로 바위를 뚫으라고 하셨다. 그리고 "내 양을 먹이라"라고 말씀하셨다.

때로 지쳐서 숨고 싶을 때가 있다. 어둠 속에 웅크리고 있을 때가 있다. 그때 등불을 켜고 부지런히 나를 찾아오시는 건 끈질긴 주님의 포기가 없으신 열심이다. 둘째 아들처럼 허랑방탕 살다가 세상의 쓴 맛이란 쓴 맛은 다 보고 초라한 행색으로 빈털터리가 되어 돌아오는 우리를 먼발치에서도 알아보고 달려와 안아주시는 아버지. "너는 누가 뭐라고 해도 내 자식이야" 하시며 측은히 여기시는 무조건적 사랑을 생각한다.

어느 날도 나는 실패의 상처를 안고 기도원에 갔다. 기도원에 가는 버스를 타면서 나는 질책하실 하나님을 생각했다. 하지만 그날 예수님은 내 머리를 쓰다듬으시며 "내가 너를 안다, 내가 너를 안다"라고 말씀하셨다. 그때 인간의 말로는 표현할 수 없는 사랑이 나를 감싸 안았다. 그 큰 기도원에서 혼자 앉아 어찌나 울었는지, 내 주변이 눈물로 젖어 있었다.

우리가 하나님이 주신 것에 감사할 줄 모르고 내 뜻대로 살다가 세상에 다 털리고 울고 있을 때도, 종살이를 하고 있을 때도, 짐승이나 먹는 쥐엄 열매로 배를 채우고 살 때도 기다림을 포기하지 않고 우리를 측은히 여기시는 아버지 하나님의 무조건적 사랑이 있음을 기억해야 한다.

우리의 죄악 된 삶은 기회를 찾아 하나님을 떠날 생각만 한다. 그리고 기회가 오면 길을 잃은 한 마리의 양처럼, 사라져버린 동전처럼, 집을 떠나 방황하는 둘째 아들처럼 하나님을 등진다. 그렇지만 하나님은 상처투성이가 된 양 같은 나를, 어두움 속에 웅크리고 있는 나를, 거듭되는 실패로 아무것도 손에 쥔 것이 없는 나를 포기하지 못하고 찾으신다. 내가 나를 포기할 때도 하나님은 차마 나를 포기하지 못하신다.

세 이야기의 공통점은 무엇일까? 첫째, 제자리를 지키지 못했다는 것이다. 양, 동전, 둘째 아들은 모두 자신의 자리를 지키지 못했다. 자신의 자리를 포기해버렸다. 둘째, 잃었다가 다시 찾았다는 것이다. 우리가 가시밭을 헤매든, 낭떠러지에 서 있든, 어둠 속을 헤매든, 모든 것을 잃고 울고 있든, 하나님은 우리를 포기하지 않고 찾아내신다. 셋째, 제자리를 다시 찾아주신다는 것이다. 치유와 회복이다. 그런데 우리보다 하나님이 더 기뻐하신다니, 은혜다. 넷째, 이제는 주님과 함께 즐기는 삶을 살자고 말씀하신다는 것이다.

세 이야기의 결말은 – 아니, 또 다른 삶의 이야기의 시작이라고 보는 것이 좋을 듯하다 – 모두 벗과 이웃을 불러 기쁨의 잔치를 하는 것이다. 우리를 포기하지 않고 찾으시는 하나님의 사랑이 주제인 이 이야기는 앞으로의 우리 삶이 잔치와 같은 기쁨의 삶이 되기를, 그 삶을 믿음으로 바라보고 현재를 포기하지 말기를 간절히 원하시는 예수 그리스도의 메시지이다.

내 가치에 점수를 매기지 않는다

점수에 매인 인생들

어린 시절부터 점수 매기기에 익숙해진 우리는 자기 자신에 대해
서도 곧잘 점수를 매긴다: 외모 몇 점, 학력 몇 점, 가정환경 몇
점, 경력 몇 점, 성격 몇 점, 인간관계 몇 점, 그래서 총합 몇 점. 이
점수는 고정되어 있기도 하지만 기분에 따라 바뀌기도 한다. 점
수가 낮을 때는 자신을 흙수저의 줄에 세운다. 줄을 세우는 데
기준이 되는 점수는 딱히 없다. 군이 말하자면 자기 마음대로.
하지만 사실 점수를 매기는 방법은 대부분 자신에게 중요했던
타인에게서 배운 것이다. 즉 우리는 부모가 매겨주던 점수에서
벗어나기가 힘들다.

　"너는 누구를 닮아 이렇게 못 생겼니?" -10점.

"공부도 지지리 못하네." -20점.

"성격 하나는 그래도 괜찮아." +30점.

부모가 주던 그 점수가 너무 싫었다고 하지만 어른이 된 지금도 자신에게 그리 후한 점수를 주지는 않는다. 오히려 야박한 점수를 주는 편이다. 자신의 가치에 대해 별로 우수한 점수를 주지 않는다. 더 타당성이 없는 것은 자신에 대해 스스로 매긴 가치 점수를 비난한다는 것이다.

'나는 도대체 왜 이것밖에 안 될까?'

그리고 이걸 자신뿐 아니라 타인에게도 그대로 적용한다. 대체로 자신의 마음에 들면 후한 점수를 주고, 그렇지 않으면 점수를 팍 깎아버린다. 자신이 마음대로 매긴 점수에 따라 그를 '너'로 대하기도 하고 '그것'으로 대하기도 한다. 그의 가치 점수에 따라 그를 비난하기도 한다.

'너는 왜 그것밖에 되지 못하는 거야?'

우리가 서로 이런 짓을 하며 사는 것을 이야기로 만든 사람이 있다. 미국에서 태어나 브라질에서 선교 활동을 하면서 글로 하나님의 사랑을 전하는 맥스 루케이도이다. 그의 동화 중에 〈작은 나무 사람 펀치넬로 이야기〉가 있다. 나는 이 이야기를 지금부터 우리의 이야기로 들려주고 싶다. 당신이 우리의 아이들, 혹은 여전히 점수를 매기며 사는 누군가에게 이 이야기를 들려줄 수 있도록 쉽게 풀어서 전하려 한다.

마을이 내려다보이는 언덕 위에는 '엘리'라는 아저씨가 살고 있었고, 그 아저씨가 만든 나무 사람들이 모여 사는 동네가 있었다네. 작은 나무 사람들은 제각기 다른 모습을 하고 있었대. 우리 사람처럼 말이지.

맥스 루케이도는 나무 사람들이 날마다 똑같은 일을 하고 살았다고 했어. 말하자면 서로 점수를 매기는 일이었지. 그리고 자신이 매긴 점수에 따라 서로에게 별표나 점표를 붙이며 하루를 보냈다고 하더군. 모양새가 좋거나 재주가 좋거나 힘이 있거나 머리가 좋은 나무 사람에게는 금빛 별표를 붙이고, 그렇지 못한 나무 사람에게는 잿빛 점표를 붙이면서 말이야.

여기에도 금수저와 흙수저가 나누어져 있군. 쯧쯧, 우리의 주인공 작은 나무 인형 펀치넬로는 어땠을까? 펀치넬로는 잘해보려고 애를 썼지만 곧잘 넘어졌고 상처도 많이 났어. 그런데 그 이유를 설명할 수도 없었어. 우리도 그렇게 힘겹게 살기도 하는데…. 그 가여운 나무 사람에게 다른 나무 사람들은 점표를 덕지덕지 붙였지. 우리도 작은 나무 사람처럼 점표를 받으며 살기도 하지. 펀치넬로는 실수나 실패가 두려워서 아예 나가는 것을 포기하고 살았대. 그러면 우울증이 올 텐데…, 우리 사람은 그렇다니까.

나무 사람들은 이렇게 수근거렸지.

"펀치넬로는 좋은 나무 사람이 아니야."

사람들은 이렇게 서로를 비난하지. 그러다 보니 펀치넬로는 스스로 이렇게 말하게 되었어.

"아무래도, 난 좋은 나무 사람이 아닌가봐."

자기 비난. 이건 정말 무서운 일인데, 어쩌지? 펀치넬로는 점표가 많이 붙은 이들하고만 어울렸어. 우리도 그게 더 마음이 편하잖아.

자, 작은 나무 사람 펀치넬로 이야기의 초반을 지났다. 우리는 펀치넬로에게서 나를 보기도 하고 너를 보기도 한다. 우리가 서로에게 점수를 매겨 금빛 별표나 잿빛 점표를 붙이는 데 삶의 시간을 낭비한다면 한심한 일이다. 여기까지는 사실 금수저, 흙수저에 매여 사는 우리의 이야기다.

별표나 점표를 들고 다니는 나무 사람 이야기를 들으면 떠오르는 사람들이 있지 않은가? 내게 점표를 붙이던 사람들? 뭐, 그것도 그렇지만 나도 그들에게 점표를 붙였으니 잊도록 하고, 그보다 더 지독한 사람들이 있었다. 이천 년 전보다 더 이전의 예루살렘 거리를 긴 옷을 입고 돌아다니며 사람들에게 표를 붙이는 일로 소일하던 사람들이었다. 그들은 예수님을 그림자처럼 따라다니며 율법의 잣대를 들이댔고, 잿빛 점표를 붙일 궁리만 하고 있었다.

안식일에 밀밭 사이로 지나가시던 예수님을 따르던 제자들이 배가 고파 이삭을 잘라 먹었다. 찬스!

안식일에 이삭을 먹었다. - 10점 점표.

안식일에 손 마른 사람을 고쳤다. - 10점 점표.

안식일에 귀신 들고 눈 멀고 말 못하는 사람을 고쳐주었다.

- 10점 점표.

음란한 세대가 원하는 표적을 보여주지 않았다. - 10점 점표.

마태복음 12장에서만도 그들은 예수님에게 4개의 점표를 붙이려고 시도했다. 어찌 이런 일이. 이 '독사의 자식들'(이 욕은 내가 한 것이 아니다, 예수님이…)은 안식일의 주인이 누구인지 몰랐다. 안식일의 주인이신 예수님에게(마 12:8) 안식일에 해야 할 일을 하셨다는 이유로 점표를 붙이려 했으니 욕을 먹어도 싸다. 그들이 예수님에게 붙이려 했던 점표는 결국 부메랑처럼 그들 자신의 몸에 붙어버렸다.

그들이 표를 붙인 기준은 율법이었고, 예수님의 기준은 사랑이었다. 그러나 예수님은 이분법적 사고를 하는 분이 아니셨다. 그분은 "내가 율법이나 선지자를 폐하러 온 줄로 생각하지 말라 폐하러 온 것이 아니요 완전하게 하려 함이라"(마 5:17)라고 말씀하셨다. 자신의 의를 최고의 가치로 여겼던 이들의 명칭은 '바리새인'이었다. 바리새인은 문자적으로 '분리주의자'라는 뜻이다.

나는 나를 어떻게 보는가

맥스 루케이도가 말하고 싶은 것은 이 이야기의 후반부에 담겨 있다. 다시 작은 나무 사람 이야기로 돌아가자. 여기서 우리는 지저스 스푼과 하나님을 만나게 될 것이다.

어느 날 펀치넬로는 우연히 어떤 나무 사람을 만났어. 그녀의 이름은 루시아. 그녀의 몸에는 별표도, 점표도 아무것도 없었어. 그냥 깨끗한 나무일 뿐이었어. 루시아에게 나무 사람들이 표를 붙이지 않았던 건 아니야. 그녀의 몸에 표가 붙지 않았을 뿐이지. 나무 사람들이 표를 붙여도 이내 떨어지고 말았거든.

'나도 정말 저렇게 되고 싶어. 어떤 누가 주는 표시도 받고 싶지 않아.'

누군가의 평가 대상이 된다는 것은 피곤한 일이야.

"넌 왜 몸에 표가 없니?"

펀치넬로가 묻자 루시아가 대답했어.

"난 매일 엘리 아저씨를 만나러 가는 것뿐이야. 나는 아저씨에게 가서 함께 있다 오곤 해."

우리가 매일 기도로 하나님을 만난다면 사람들이 붙여주는 점표에 따라 롤러코스

터를 타듯 자신의 가치를 오르락내리락하게 하지는 않을거야.

"왜?"

우리는 이 질문을 포기해서는 안 돼. 왜냐하면 삶의 본질에 대해 묻기 시작한 질문이니까.

"왜인지 네가 직접 알아봐. 아저씨는 언덕 위에 계시거든."

우리도 직접 알아보아야 하겠지. 영리한 당신은 이미 알아챘을 것 같다. 루시아가 누구인지, 왜 루시아에게는 누구도 점표를 붙이지 못했는지. 루시아는 지저스 스푼이야. 사람들의 평가에는 아랑곳하지 않지. 매일 기도로 하나님을 만나는 사람은 인간의 시선보다 하나님의 시선을 받으며 살기를 원하니까.

펀치넬로는 '아저씨가 나를 만나보고 싶어 하실까?' 하는 생각에 두려웠지만 아저씨를 찾아가기로 마음먹었어. 거절에 대한 두려움은 늘 우리의 발목을 잡곤 하지. 그렇지만 우리에게도 이런 용기가 필요해. 어떤 일에서든 도피할 수 있지만 나 자신에게서 도피할 수는 없으니까.

걱정과는 다르게 펀치넬로를 만난 아저씨는 이렇게 말했어.

"펀치넬로야, 만나서 정말 반갑구나. 어디 네 모습을 한번 보자꾸나."

부끄러워 할 필요는 없어. 이미 다 알고 계시니까.

"저를 아세요?"

정말 나를 아는 이는 누굴까? 점표나 별표를 붙이는 사람은 아니야. 내 머리카락 하나까지 다 아시는 분은 나를 만드신 분이지.

"물론이지. 내가 널 만들었는걸."

설명할 필요도 없겠지, 엘리 아저씨가 누구인지? 펀치넬로는 창조주를 만나는 은혜를 받았다는 걸 아직 모르고 있는 것 같아. 아저씨는 펀치넬로의 몸에 덕지덕지 붙은 점표를 찬찬히 보며 말했어.

"흠, 나쁜 표를 많이 받았구나."

이건 평가가 아니야. 불쌍히 여기시는 사랑이지.

"저도 이런 표를 받고 싶진 않았어요. 전 정말 열심히 노력했거든요."

우리도 펀치넬로처럼 하나님께 변명하려 하지. 나를 만드신 그분에게까지 말이야. 기도하면서도 변명을 늘어놓는 게 사람이거든.

"애야, 변명할 필요는 없단다. 나는 다른 나무 사람들이 어떻게 생각하는지 상관하지 않는다."

하나님은 사람의 평판에 그리 신경 쓰지 않으시는 것 같아. 그러니 죄인의 친구가 되시지.

"정말요?"

우리는 너무 많이 속고 살아서 하나님도 잘 믿으려 하지 않는다니까.

"물론이지, 너도 그럴 필요가 없단다. 네게 별표나 점표를 붙인 사람들도 너와 같은 나무 사람들이야."

다음 말에는 밑줄을 쫘악 그어야 할 것 같군.

"남들이 어떻게 생각하느냐가 아니라 내가 어떻게 생각하느냐가 중요하단다. 난 네가 아주 특별하다고 생각해."

이 대목은 정말 중요 표시를 하고 밑줄을 그을 만하지.

여기까지가 이야기의 중반부이다. 그런데 아쉽게도 맥스 루케이도가 빠뜨린 것이 있다. 펀치넬로가 엘리 아저씨를 만나고 있는 중에도 거리에는 점표를 든 나무 사람들이 펀치넬로에게 점표를 붙이기 위해 여전히 기다리고 있다는 걸 말이다.

바리새인들도 여전히 율법을 들고 예수님을 따라다녔다. 점표를 붙이려고. 예수님이 날 때부터 맹인인 사람을 만나셨을 때 제자들은 그 사람을 앞에 두고 거침없이 물었다.

"이 사람이 맹인으로 난 것이 누구의 죄로 인함입니까? 자기 죄 때문입니까, 부모의 죄 때문입니까?"

맹인으로 태어난 것도 괴로운데 죄 때문이라니, 기가 막힌 일이지만 당시에는 다들 그렇게 믿었다. 태어나면서부터 죄인이 되어버린 맹인에게 예수님의 제자들까지 점표를 붙이려 했다.

예수님이 대답하셨다.

"이 사람이나 그 부모의 죄로 인한 것이 아니라 그에게서 하나님이 하시는 일을 나타내고자 하심이라"(요 9:3).

맹인의 몸에 붙어있던 점표가 툭 떨어졌다. 그는 존재가치라는 것조차 모르는 최악의 흙수저였다. 많은 사람들이 '죄인, 맹인, 거지'라며 붙여준 점표에 그의 가치는 짓밟힐 대로 짓밟혀 있었다. 그런 그에게 예수님은 '하나님의 하실 일을 나타낼 사람'이라고 하셨던 것이다. 즉 지저스 스푼이 될 사람이라는 거였다. 이제 자신의 존재 이유와 가치를 알게 된 그는 예수님의 말씀에 따라 실로암 못으로 가서 눈을 씻고 밝은 눈으로 돌아갔다.

그날은 안식일이었다. 바리새인들이 가만히 있을 리가 없다. 예수님에게 안식일을 지키지 않은 죄인이라는 점표를 붙이기 위해 그들은 눈을 뜬 사람의 부모를 찾아갔으나 증거를 얻지 못했고, 눈을 뜨게 된 사람에게 예수님을 죄인으로 몰며 재차 물을 뿐이었다.

"누가 네 눈을 뜨게 하였느냐?"

여기서부터 그는 지저스 스푼의 역할을 한다.

"그가 죄인인지 내가 알지 못하나 한 가지 아는 것은 내가 맹인으로 있다가 지금 보는 것입니다."

그는 바리새인들에게 포문을 열었다. 끈질긴 바리새인들은 계속해서 물었다.

"그 사람이 네게 무엇을 하였느냐? 어떻게 네 눈을 뜨게 하였느냐?"

이때 눈을 뜬 사람이 했던 대답을 내 식으로 말하면 이렇다.

"왜 자꾸 물어요? 몇 번이나 말해야 합니까? 귀 먹었어요? 아하, 당신들도 예수님의 제자가 되려는 거군요~."

그는 바리새인들에게 욕을 바가지로 먹었다. 그러나 그는 개의치 않고 당당하게 말했다. 그는 자신의 존재 가치를 찾은 사람이니까. 그가 한 다음 말을 들어보라.

"이상하다, 예수님이 내 눈을 뜨게 했는 데도 그분이 어디서 오셨는지 모르다니요. 그분이 죄인이라면 하나님이 죄인의 말을 들으셨겠습니까? 창세 후로 맹인으로 난 자의 눈을 뜨게 했다는 말을 들어본 적이 없습니다. 예수님이 하나님께로부터 오지 않으셨다면 무슨 일을 하실 수 있었겠습니까?"

와, 멋지다. 맹인이었던 사람이 그 잘난 바리새인들에게 한 방 먹인 것이다. 자신의 존재 이유와 가치를 아는 사람은 이렇게 당당하다.

"남들이 어떻게 생각하느냐가 아니라 내가 어떻게 생각하느냐가 중요하단다. 난 네가 아주 특별하다고 생각해."

펀치넬로에게 엘리 아저씨가 해준 말에 밑줄 그으라고 한 이유가 여기 있다.

너는 특별하단다

지금부터 우리가 읽을 이 이야기의 마지막 부분에서 맥스 루케이도는 내가 여러분과 함께 나누고 싶었던 것을 대신 말해준다. 감사한 일이다. 이렇게 쉽고 재미있게 우리가 자신의 가치에 대해, 그리고 다른 사람의 가치에 대해 점수를 매기는 일에서 자유하게 하다니.

칭찬을 받지 못하고 자란 사람에게는 칭찬이 너무 어색하다. 그래서 펀치넬로는 "난 네가 아주 특별하다고 생각해"라는 엘리 아저씨의 말에 피식 웃고 말았어.

"제가요? 전 빨리 걷지도, 높이 뛰지도 못해요. 여기저기 칠도 벗겨졌고요. 이런 내가 아저씨께 왜 특별하지요?"

우리도 하나님 앞에서 서슴지 않고 이런 자기 비난을 하지. 우리의 생각 안에 하나님을 제한하면서.

"왜냐하면, 내가 널 만들었기 때문이지. 너는 내게 무척 소중하단다. 날마다 네가 오기를 기다리고 있었단다."

우리는 하나님께서 만드셨어. 아주 당연한 이야기지만, 이것을 정말 믿는 사람이 많다고 할 수는 없지. 정말 믿는다면 하나님의 작품인 자신을 평가할 수도, 그렇게 형편없는 점수도 줄 수 없을 테니까.

"루시아 때문에 오게 되었어요. 루시아에게는 왜 표가 붙지 않나요?"

"루시아는 남들이 나를 어떻게 생각하느냐 보다 내가 나를 어

떻게 생각하느냐가 더 중요하다고 여기기 때문이지. 너에게 붙은 점표는 네가 붙어 있게 하기 때문에 붙는 거란다."

놀랍다. 내가 받아들이기 때문이라니.

"예?"

"그 표는 네가 그것을 중요하게 생각할 때만 붙는 거야. 네가 내 사랑을 깊게 신뢰하면 할수록 너는 그 표에 신경을 덜 쓰게 된단다."

"무슨 말씀인지 잘 모르겠어요."

"차차 알게 될 거야. 이제부터 날마다 나를 찾아오렴. 그러면 내가 널 얼마나 소중하게 여기는지 알게 될 테니까. 기억하렴. 내가 너를 만들었고, 넌 아주 특별하단다. 나는 결코 좋지 못한 나무 사람을 만든 적이 없어."

우리는 꼭 기억해야 해. 내가 점표나 덕지덕지 붙이고 살 존재가 아니라는 것 말이지. 이 동화책의 원래 제목은 이거야: 《너는 특별하단다》. 누가 뭐라고 해도 기억해. 너는 그들의 요구와 같아질 필요가 없어. 너는 특별한 존재니까. 그걸 믿을 때 남들이 네게 붙이려는 점수에서 자유로울 수 있어.

'내가 특별하다는 말이 맞을지도 몰라.'

이렇게 믿는 순간 펀치넬로의 몸에서 점표 하나가 땅으로 떨어졌으니까.

지저스 스푼은 사람들의 평가에 의연하다. 그에게 그것은 별 의미가 없다. 그래서 받아들이지도 않는다. 그들은 누구에게 자신을 맞출 생각도 하지 않고, 자신의 가치에 점수를 매기지도 않는다. 그의 가치 기준은 다르다. 자신의 존재 가치가 하나님의 기준에 있다는 것을 안다. 하나님이 인정하지 않으시면 무엇이 되든 아무 의미가 없다는 것을 안다. 하나님께서 특별히 지어주신 자신의 존재 자체가 소중하다는 것을 받아들인다. 금그릇이든 질그릇이든, 금수저든 흙수저든, 그것의 가치는 그 안에 무엇을 담고 있는가에 달려 있다.

우리가 이 보배를 질그릇에 가졌으니 이는 심히 큰 능력은 하나님께 있고 우리에게 있지 아니함을 알게 하려 함이라

진흙을 구워 만든 질그릇은 깨지기 쉽고 유약도 바르지 않아 윤기도 나지 않는다. 다시 말하면 볼품없는 진흙 그릇이다. 그것과 세트(set)인 흙수저일지라도 그 안에 보배로우신 빛난 존재, 예수 그리스도를 담고 있다면 최상의 가치를 부여 받은 존재가 되는 것 아니겠는가?

chapter 10

나에게 주어진 가능성

원석의 가치

옛날에 어느 아버지가 길을 떠나려는 아들에게 옷을 한 벌 지어 입혔다고 한다. 하지만 현금은 많이 주지 않았는지 아들은 고생 만 진탕하고 돌아왔다. 어리석은 아들이 그 고생을 통해서 얻게 된 삶의 진수를 알 리가 없었다. 돌아온 아들은 아버지를 원망하 며 볼멘소리를 했다. 떠날 때 좀 더 많은 것을 주었으면 고생을 안 했을 텐데 아버지가 자신에게 너무 인색했다는 거였다. 아버 지가 물었다.

"무슨 소리냐? 네가 떠날 때 너한테 보석을 주었지 않느냐?"

"아니, 언제요? 뭘 주셨다는 거예요?"

아들은 퉁명스럽게 대답하면서 아버지가 치매에 걸렸는지도 모른다고 생각했다. 아버지는 아들에게 만들어주었던 옷을 살펴보라고 했다. 아들은 그제야 아버지가 옷 속에 매달아 넣어주었던 보석을 발견했다.

'카드를 쥐여 주셨어야지.'

우리는 이렇게 생각할 수도 있다. 그런데 현명한 옛 어른들의 '주기'의 비밀은 받을 자격이 있는 자가 스스로 찾아내야 한다는 것 아니었을까? 그럴 지혜와 노력도 없이 거저 받은 자는 귀한 것을 쓰레기처럼 사용할 수도 있으니 말이다. 드라마 속에 나오는 소수의 금수저들처럼.

아버지가 아들에게 달아주었던 보석은 무엇이었을까? 금덩어리? 자연산 진주? 다이아몬드? 무엇이었든 우리는 그런 것들을 가장 중요한 유산으로 생각한다. 그렇지 않은가? 당신의 생각은 어떤가?

아버지가 달아준 보석은 하나였다. 그 하나를 두 배, 세 배, 네 배, 다섯 배로 만들 수 있는 것은 무엇일까? 원석 같은 그 보석은 무엇을 의미하는 것일까? 그것은 '가능성'이다.

우리가 잘 알고 있는 달란트 비유를 이 이야기와 연결해 생각해보자(마 25:14-30). 어떤 사람이 타국에 갈 때 그 종들을 불러 자기의 소유를 맡겼다. 말하자면 투자자가 세 사람에게 자기의 재산을 증식시켜주기를 원하며 투자금을 맡겼다는 것이다.

그런데 당신이라면 그들의 무엇을 보고 자신의 재산을 맡기겠는가? 그 투자자는 세 사람의 재능에 따라 한 사람에게는 금 다섯 달란트를, 한 사람에게는 두 달란트를, 한 사람에게는 한 달란트를 맡기고 떠났다. 여기에 잘못된 점이 있는가? 내가 보기엔 공평하다.

공평이란 재능에 맞게 맡기는 것이다. 당신이라면 재능이 부족한 사람에게 제일 많은 금 다섯 달란트를 맡기겠는가? 다섯 달란트를 받은 자는 즉시 그것으로 장사를 시작해서 다섯 달란트를 벌었다. 두 달란트를 받은 자도 그렇게 해서 두 달란트를 벌었다. 그렇다면 한 달란트를 받은 자도 그렇게 해서 한 달란트를 벌었어야 계산이 맞다. 그런데 이 사람은 땅을 파고 그 한 달란트를 감추어두었다.

우리가 환경을 선택할 수는 없다 해도 반응은 선택할 수 있다. 즉, 얼마나 많이 받았느냐의 문제가 아니라 받은 것에 대한 태도의 문제라는 것이다.

드디어 주인이 돌아왔다. 다섯 달란트 받았던 사람과 두 달란트 받았던 사람은 원금에 자신들이 번 돈을 더해 주인에게 돌려주었다. 그런데 한 달란트를 받았던 사람은 자신이 주인의 돈을 땅에 감추어둔 이유를 설명한다. 자, 그의 이유가 합리적인 것인지 들어보도록 하자.

"주인이여, 당신은 굳은 사람이라. 심지 않은 데서 거두고 헤치지 않은 데서 모으는 줄을 내가 알았으므로 두려워하여 나가서 당신의 달란트를 땅에 감추어두었나이다. 보소서, 당신의 것을 가지셨나이다."

한 달란트 가진 사람의 모습이 어디서 많이 본 것 같지 않은가? 우리도 이따금 이런 생각을 한다.

'왜 하나님은 나에게만 인색하신 걸까?'

'왜 하나님은 나에게만 불공평하신 걸까?'

하나님은 나에게 그저 두렵기만 한 존재이다. 그런가? 여기서 우리는 우선 한 달란트의 값어치를 알아야 할 것 같다. 한 달란트는 주인이 종들에게 맡길 당시의 노동자가 대략 20년 동안 일했을 때 받을 수 있는 품삯이다. 결코 적은 금액이 아니다.

만일 주인이 종들을 신뢰하지 못했다면 달란트를 맡길 수 없었을 것이다. 그런데 한 달란트를 받은 사람은 주인의 신뢰를 저버렸다. 하나님께서도 우리에게 무엇을 맡기실 때 재량껏 하라고 하신다. 우리의 가능성을 믿으시는 것이다.

하나님에 대한 오해 – 심지 않은 데서 거두고 헤치지 않은 데서 모으시는 분 – 이거야 말로 사람이 제 방식대로 하나님을 이해하는 거다. 노력도 하지 않고 이익만 바라는 인색한 분. 이건 사람인 '나'이지 하나님은 아니시다. 기도했는데 왜 주시지 않느냐고 따지는 크리스천. 하나님을 자판기 정도로 여기는 '나'는 기도를 땅에 묻고 있는 것이 아닐까?

하나님이 내게 일을 시키셨을 때, 내가 하나님께서 주신 달란 트를 가지고 일을 했을 때가 생각난다. 쓰러져가는 학교에 교장 으로 부임해갔을 때, 날마다 새벽기도에 나가고 기도원으로 뛰어 다니며 학교를 위해 기도를 아주 많이 한다는 책임자 한 사람이 있었다. 나는 내심 기도 많이 한다는 그를 든든한 동역자로 믿고 있었다. 그런데 놀랍게도 그는 맡겨진 직임에서 당연히 해야 할 일을 하나도 하지 않고 있었다. 학교에는 제대로 된 장부 하나 없었다. 교무실에서 사람 좋은 얼굴로 교사들과 수다를 떠는 것 이 그가 했던 일이었다.

그러다 학교가 교육청 감사를 받게 되었다. 곧 망할 학교이니 손 대지 말아달라고 요청해서 계속 미루어왔던 감사를 받게 되 자 그는 도망을 갔다. 감사를 받는다는 것은 이 학교가 정상적 으로 돌아가는 학교임을 증명하는 일이었다. 또 당연히 받아야 하는 일이었다. 그런데 주무자인 그가 도망을 간 것이다. 그를 대신해 몇 명 안 되는 교사들과 밤을 새워 일하느라 죽을 고생을 했는데, 그의 아내는 교장이 심하게 해서 남편이 도망갔다며 나 에게 온갖 수모를 다 겪게 했다. 더 자세한 내용은 그를 위해 생 략하기로 한다.

조금도 움직이려 하지 않는 사람이 기도를 했다고 하면 솔직 히 나는 믿지 않는다. 하나님은 심지 않은 데서 거두고 헤치지 않 은 데서 모으는 분이 아니시기 때문이다.

밤새 울며 기도하면 하나님은 내게 해야 할 일을 알게 하셨다. 기도는 나를 움직이게 하는 동력이었다. 날이 새면 나는 학교를 살리기 위해 이곳저곳 뛰어다녔다. 하나님은 그렇게 나를 통해 그분의 일을 해나가셨다.

달란트 비유에서 주목해야 할 것은 주인이 '자신의 소유'를 맡겼다는 것과 맡은 자들이 그것을 '당신의 것', 곧 '주인의 것'으로 인정했다는 것이다. 그렇다면 주인의 뜻대로 써야 하는 것 아닌가? 그럼에도 제멋대로 땅에 파묻어놓고, 눈물로 씨를 뿌려보지도 않고 하나님이 인색하다고 말하는 우리, 그런 우리는 주인이 한 달란트를 땅에 묻었던 사람을 어떻게 다루는지 똑똑히 보자.

"악하고 게으른 종아 나는 심지 않은 데서 거두고 헤치지 않은 데서 모으는 줄로 네가 알았느냐 그러면 네가 마땅히 내 돈을 취리하는 자들에게나 맡겼다가 내가 돌아와서 내 원금과 이자를 받게 하였을 것이니라"(마 25:26,27).

'기도만 하면 돼. 그러면 하나님께서 다 주셔.'

혹시 이런 생각을 가지고 있다면 '악하고 게으른 종아'라는 소리를 들을지도 모르니 조심해야 한다. 하나님이 우리에게 주신 것은 '가능성'이다. 주인이 돈을 맡길 때는 신뢰했을 뿐만 아니라 할 수 있는 가능성을 믿어준 것이다. 한 달란트 받았던 사람은 신뢰에 대한 시험과 가능성에 대한 시험에서 탈락했다. 신뢰란 서로 오가는 관계에 대한 약속이며 믿음이다. 하나님은 그를 믿고 맡기셨지만, 그는 하나님을 신뢰하지 못했다. 그는 하나님을 인색하신 분, 두려우신 분으로 알았다.

가능성을 죽이는 것들

한 달란트 받은 사람이 왜 그것을 땅에 묻었을까? 실패를 두려워했기 때문이다. 그는 모든 걸 잃어버리는 모험을 하고 싶지 않았다. 모험을 하지 않는 것이 가장 안전하다고 생각했다. 그는 '변화, 도전, 발전'이란 말보다 '가만히 있으면 중간은 간다'라는 말을 신봉하며 살아왔을지도 모른다. 중간은 무슨, 퇴보가 있을 뿐이다.

달리기를 하다가 중간 지점에서 가만히 서 있어 보라. 뒤에서 달려오던 사람들이 다 당신을 스쳐 지나가고, 당신은 중간이 아니라 꼴찌의 자리에 서게 될 것이다. 죽어라 달려보는 것이 멈춰서 있는 것보다 낫다. 잃어버릴지라도 모험을 해보는 것이 아무것도 하지 않는 것보다 낫다. 잃지 않으려고 땅에 감춘 것까지 잃게 될 테니까.

"그에게서 그 한 달란트를 빼앗아 열 달란트 가진 자에게 주라"(마 25:28).

두려움은 우리가 가진 가능성을 죽인다. 물론 그렇게 된 데는 이유가 있을 것이다. 시도해보았지만 실패의 경험이 쌓일 때 우리는 학습된 무기력에 빠진다. 그러나 그것 때문에 주저앉는다면 안타까운 일이다. 문제는 실패하기도 전에 실패를 예감하고 아예 아무것도 하려 하지 않는다는 것이다. 결과가 두려워서 가진 재능을 미리 땅에 파묻어버린다는 것이다.

한 달란트 받은 자는 엄한 주인이 두려웠기 때문이라고 변명했다. 하지만 주인은 그가 갖지 않은 능력이나 성과를 요구한 적이 없다. 만약 그랬다면 능력 없는 자에게 다섯 달란트를 주었을 것이다. 사실, 적게 받을수록 책임은 적어진다. 주인은 한 달란트 받은 자에게 다섯 달란트를 요구하지 않았다. 주인은 종이 갖고 있지 않은 것을 요구한 것이 아니라 자신이 가진 것을 충분히 사용하기를 요구한 것이다. 능력은 다를 수 있지만 노력은 동일하게 할 수 있는 것이니까.

우리의 가능성은 노력에 의해 발현된다. 그런데 두려움 때문에 세상 전투에 나서지 않으려는 사람들이 바이러스처럼 퍼져나간다. 두려움이 전염되는 세상이다. 하나님은 두려움을 가진 사람들의 전염성을 경계하신다.

책임자들은 또 백성에게 말

하여 이르기를 두려워서 마음이 허약한 자가 있느냐 그는 집으로 돌아갈지니 그의 형제들의 마음도 그의 마음과 같이 낙심될까 하노라 하고 신 20:8

"괜히 쓸데없는 짓 하지 말고 가만히 있어요."

"해봤자 소용없어요."

"누구도 해낼 수 없는 일이에요."

"쓸데없이 힘 빼지 말고 돌아가세요."

내가 학교 사역을 시작할 때 주변 사람들에게 많이 들었던 말이다. 그런 소리를 들을 때마다 나는 정말 그 학교를 땅에 묻고 싶었다. 일을 하려면 본의 아니게 적도 만들게 되고, 복병처럼 다가오는 예측 못한 어려움도 감당해내야 한다. 만약 내가 그곳에서 먼저 다가올 난관을 알고 실패를 생각했다면 아무것도 하지 않고 돌아왔을 것이다. 다행히 내게는 결과에 대한 예측력이 없었다. 지금 생각해보면 그게 은혜였다. 그때 나에게는 실패니 성공이니, 그런 생각이 아예 없었다. 그저 날마다 나에게 주어진 것으로 노력했을 뿐이다. 그런데 이상하게 노력을 할수록 내가 몰랐던 재능들이 튀어나왔다.

'어, 나에게 이런 면이 있었나?'

아버지가 옷 속에 감추어주었던 보석처럼 나도 몰랐던 재능들이 내게서 살아나고 있었다. 할렐루야!

그럼에도 나는 실패하기도 하고 울기도 했지만, 실패는 매번 또 다른 기회의 가능성을 열어놓았다. 종의 삶은 주인에게 이익을 남겨드리는 삶이어야 한다. 그러기에 주인은 종의 실패를 사용하여 합력하여 선을 이루시곤 한다.

우리가 알거니와 하나님을 사랑하는 자 곧 그의 뜻대로 부르심을 입은 자들에게는 모든 것이 합력하여 선을 이루느니라 롬 8:28

여기서 잠깐, 다섯 달란트 받았던 사람의 태도를 살펴보자. 그는 달란트를 받자마자 '바로 가서' 그것으로 장사를 했다. 그가 충성된 종이 될 수 있었던 비결은 '바로' 했다는 데 있다. 가능성을 땅에 매장하게 되는 이유 중 하나가 '바로' 하지 않는 것이다. 즉각 순종하지 않으면 그 틈에 불순종의 이유가 슬며시 들어온다.

'마귀의 세미나'에 대해 들어본 적이 있는지? 그 세미나의 주제는 '어떻게 하면 예수 믿는 사람들을 쓰러뜨리고 신앙생활을 방해할 수 있을까?' 하는 것이었다. 활발한 토의가 이어지는 와중에 한 마귀가 의견을 냈다.

"예수쟁이들을 아프게 해서 아무것도 못하게 합시다."

그러자 다른 마귀가 곧 반대했다.

"안 돼! 안 돼! 예수 믿는 것들은 몸이 아프면 더 기도하니까 더 성숙해진다고. 반대!"

다른 의견도 나왔다.

"죄를 짓게 해서 형무소에 보냅시다."

"안 돼! 안 돼! 예수 믿는 것들은 눈물 콧물 흘리고 회개하고 더 바르게 살려고 하기 때문에 안 돼! 반대!"

그럼? 마귀들은 머리를 싸매고 고민 중.

그때 노련한 마귀가 점잖게 일어서더니 말한다.

"예수 믿는 사람들이 기도하게 합시다."

뭐야? 저 마귀 이상하네.

"그리고 열심히 전도하게 합시다."

저 마귀 맛이 간 것 같아.

"성경도 열심히 읽게 합시다."

뭐야, 저 마귀도 예수 믿게 된 거 아니야?

"봉사도 하게 합시다."

저 마귀 끌어내!

마귀들이 흥분해서 폭발하기 직전, 의견을 낸 노련한 마귀가 힘주어 이렇게 말했다.

"그러나 '내일부터!' 하는 마음을 집어넣읍시다. 기도도, 전도도, 성경 읽기도, 봉사도 내일부터 하는 거로!"

역시 말은 끝까지 들어보아야 한다구, 찬성! 찬성!

그때부터 크리스천에게 제일 무서운 마귀는 '내일 마귀'가 되었단다.

아브라함이 위대한 이유는 하나님께서 이삭을 모리아 산에서 번제로 드리라고 말씀하셨을 때 아침 일찍이 일어나 산으로 바로 떠났다는 거였다. 그는 '내일 마귀'에게 현혹되지 않고, 불순종의 이유를 찾을 시간을 벌려 하지 않았다. 더 힘들었을 것 같은 상황은 3일 길을 걸어가야 했다는 거였다. 3일 동안 얼마나 많은 생각들을 마귀가 심어주려 했을까? 그는 그를 공격해오는 생각들을 떨쳐버리기 위해 오직 모리아 산에 오르는 일에만 몰두하지 않았을까? 지시하신 그곳까지만 가면 준비는 하나님께서 하시리라는 믿음을 갖고.

주어진 일의 시작을 지체할수록 생각이 많아진다. 생각이 많아지면 몸을 움직이기 싫어진다. 생각하는 일에 에너지를 다 쓰면 움직이는 일이 귀찮아진다. 결국 빈둥거리면서 이래서 안 되는 이유, 저래서 안 되는 이유를 찾는다. 내일로 미룬다. 마귀들이 짝짝 박수를 친다.

한 달란트 받은 사람이 이런 '귀차니즘' 상태의 인물이었을지도 모른다. 만사가 귀찮아서 게으름이 고착화된 상태. 그들은 노력하지 않는다. '인생은 한 방'이라고 생각한다. '한탕주의'만 생각하느라 자신에게 주어진 것에 불만이 많고 작은 것은 우습게 보인다. 작은 일에 충성하지 않는다.

'남들은 두 달란트, 다섯 달란트를 받았는데, 고작 한 달란트로 뭘 하겠어?'

심지도 않고 거두기도 귀찮은 사람. 한 달란트 받은 사람은 은행에까지 가기도 싫었나? 내일 하자, 내일 하자 하다가 결국 달란트를 땅에 묻은 건 아닐까? 어쨌든 땅에 묻었다. 참 심각하다. 게으름이라는 병.

신앙의 게으름은 우리를 뜨겁지도 차지도 않게 한다. 게으름은 열정을 빼앗긴 자의 실체다. 주인은 달란트를 묻어버린 종에게 '악하고 게으른 종', 다섯 달란트를 받았던 종에게는 '착하고 충성된 종'이라고 했다. 주인은 악하고 착한 것의 기준을 게으름에 두었다. 게으른 것은 주인 보기에 악한 것이다.

한 달란트 받았던 종은 주인에게 핑계와 변명을 늘어놓는다. 게으른 자의 특성이다. 말이 많고 수고는 하지 않는 것. 게으름은 습관으로 굳어진다. 할 일을 땅에 묻고, 그 종은 무얼하면서 시간을 보냈을까? 혹시 수다를 떨며 세월을 보낸 건 아닐까?

또 그들은 게으름을 익혀 집집으로 돌아다니고 게으를 뿐 아니라 쓸데없는 말을 하며 일을 만들며 마땅히 아니할 말을 하나니 딤전 5:13

사람은 생산적인 일을 하든지 비생산적인 일을 하든지 둘 중에 하나는 한다. 생산적인 일을 땅에 묻은 사람은 비생산적인 일을 만들며 다닌다. 문제를 만들며 다닌다. 그들에게는 계획도 꿈도 내일도 없다. 그저 놀다가 어느 날 온다는 요행을 바란다. '대박'

을 꿈꾼다. 그들은 노력 없는 대박
의 위험성을 모른다.

토끼를 기다리는 농부

경고의 의미에서 하나의 이
야기를 해보려 한다. 중국 동화
에 나오는 이야기다.

부지런히 일하던 농부가 있었다. 이 농부는 매일 이른 새벽부
터 밭에 나가 열심히 일했다. 그런데 어느 날 이 농부에게 뜻밖의
요행이 찾아왔다. 토끼 한 마리가 숲에서 달려 나오더니 농부 옆
에 있는 나무를 들이받고 죽고 말았다. 덕분에 농부는 그날 저녁
토끼 고기를 맛있게 먹었다.

이튿날부터 농부는 일할 생각은 않고 나무에 기대어 하루 종
일 토끼가 나타나기를 기다렸다.

'농사일은 너무 힘들어. 일 년 내내 일해도 겨우 하루 세 끼 밥
벌이밖에 못해. 이렇게 앉아서 기다리기만 하면 공짜로 토끼 고
기를 먹을 수 있을 텐데, 일은 왜 해?'

그 농부는 어떻게 되었을까? 당신은 결말을 쉽게 짐작할 수 있
을 것이다. 그럼에도 우리의 의식이나 행동 속에는 '토끼를 기다
리는 농부'가 살아 있어서 게으름을 부추긴다.

노력 없는 대박을 기다리는 게으름이야말로 우리의 가능성이

싹도 틔우지 못하게 땅에 파묻는 일이 아니겠는가? 주인은 게으른 종을 '무익한 종'이라고 했다. 우리 삶이 누구에게든 아무 도움이 될 수 없는 삶이라면 슬픈 일이다.

"이 무익한 종을 바깥 어두운 데로 내쫓으라 거기서 슬피 울며 이를 갈리라 하니라"(마 25:30).

그럼에도 우리는 주인과의 결산에 대해 무감각한 삶을 살고 있지는 않은가? 삶에 대한 계획도 지식도 지혜도 없이 그저 '오늘의 시간'을 땅에 묻는 일로 하루를 보내면서.

네 손이 일을 얻는 대로 힘을 다하여 할지어다 네가 장차 들어갈 스올에는 일도 없고 계획도 없고 지식도 없고 지혜도 없음이니라 전 9:10

이 세대는 주어진 삶에 대한 계획이 없으므로 지식도, 지혜도 필요하지 않은 세대이다. 계획이 없다는 것은 꿈이 없다는 것이고, 꿈이 없다는 것은 미래가 없다는 말이다. 일하지 않고 일할 의지도 없어 교육도 고용도 훈련도 받으려 하지 않는 '니트(NEET, Not in Education, Employment or Training) 족'이 급증하는 시대이다. 계획을 세워도 이룰 수 없는 세상이라는 비관적 사고가 젊은이들의 의식 속에 깊이 파고 든다.

드디어 한국 영화 〈기생충〉이 오스카상을 탔다. 오스카상을 타기 전에도 관객 몰이를 했다. 그런데 주변의 젊은이들에게 그 영화를 보았느냐고 물었더니 뜻밖에도 많은 이들이 아직 그 영화를 보지 않았다고 했다. 그 영화를 보지 않은 이유에 대해서는 영화를 본 친구들이 '우울하다', '찝찝한 기분이다', '씁쓸하다', '너무 마음이 무겁고 힘들다'라고 평했기 때문이라고 했다. 그래도 대충 내용은 알고 있는 눈치였다.

나도 사실 어두운 영화는 보지 않는 편이다. 그래서 보지 않고 버티던 중에 그 침침하다는 영화가 금빛 찬란한 오스카상을 네 개나 휩쓸었다. 그리고 드디어 나도 집에서 TV로 그 영화를 보게 되었다.

이 영화에서 많이 나오는 말이 '계획'이다. 반지하집이 홍수에 침수된 후에 아버지와 아들이 대피소에 누워서 나누는 대화가 있다. 정말 이 시대의 절망의 메시지다.

"아빠 계획이 뭐예요?"

"절대 실패하지 않을 계획이 뭔지 아니? 무계획이야, 무계획. 왜냐? 계획을 하면 반드시 계획대로 안 되거든, 인생이. … 계획이 없어야 돼, 사람은. 계획이 없으니까 뭐가 잘못될 일도 없고, 또 애초부터 아무 계획이 없으니까 뭐가 터져도 다 상관없는 거야."

이 영화는 금수저와 흙수저의 문제를 우리 앞에 충격적으로 떠올린다. 계획을 세워도 이룰 수 없는 세상 속에서 "아들아, 너는 계획이 다 있구나" 하는 아버지. 그 아버지 앞에서 위조된 입학통

지서를 들고 면접을 보러 가는 아들. 그 아들은 말한다.

"아버지, 전 이게 위조나 범죄라고 생각하지 않아요. 전 내년에 이 대학에 꼭 들어갈 거거든요."

온 가족이 아들의 잘못된 계획에 동참하면서 비극을 부르는 가족. 흙수저는 기생충이 될 수밖에 없다는 현실이 정말 씁쓸하고 찝찝하고 우울하다. 황금빛 오스카상의 기쁨보다 이 영화를 보고 싶어 하지 않는 겁먹은 청춘들이 더 가슴 아프다. 그들은 그래도 계획을 세우고 살고 있는 인생들이다. 잘못된 계획은 외면하고, 허황된 계획을 하지 않으며 한 가닥 작은 희망을 붙잡고 살아간다. 그러니 이 절망적인 영화의 메시지가 그들은 두렵다. 그들의 성실한 한 가닥의 희망까지 흔들어놓을까봐.

하지만, 힘을 내자. 사방이 막혀도 당신이 하늘을 볼 수 있다면 사람의 계획을 뛰어넘는 또 하나의 가능성을 보게 될 것이다.

우리는 "계획대로 안 되는 것이 인생이다"라는 말을 너무 쉽게 믿는다. 계획대로 안 된다고 해서 모든 가능성을 땅에 묻을 수는 없는 일이다. 우리는 인생의 길을 가면서 많은 계획을 세운다. 그러면서 실패의 쓴 맛도 보고 성공의 기쁨을 누리기도 한다. 그런데 한 달란트 받은 사람은 무계획이 계획이었다. 그것이 절대 실패하지 않을 계획이라고 생각했을 것이다. 그러나 영화 속의 주인공은 더 깊은 지하실에서 기생충처럼 살게 되었고, 한 달란트 받았던 사람도 바깥 어두운 곳으로 내쫓겼다.

우리는 다섯 달란트 받은 자와 두 달란트 받은 자가 쉽게 돈을 남겼으리라 생각한다. 많이 받은 자가 지는 짐의 무게는 생각하지 않는다. 그들은 많이 받았으니 인생을 쉽게 살고 쉽게 남겼을까? 많이 받을수록 단순하지가 않다. 문제가 더 복잡할 수도 있고, 그들이 세우는 계획에 따라 더 큰 좌절이 올 수도 있다.

다섯 달란트 받은 사람도 계획대로 되지 않는 세상사에 낙망하여 주저앉아 세상이 제 뜻대로 움직여주지 않는다고 한탄했을지도 모른다. 그러면서도 자신의 계획이 최선인지를 스스로에게 질문했을 것이다. 한 치 앞도 분별할 수 없는 사람이 세운 계획이 가장 옳은 것인가에 대한 의문이다. 그는 자신의 한계를 느낀다. 인간이 가질 수 있는 시야의 폭이 너무 짧아 보이는 것 외에는 볼 수 없는 한계를 느낀다. 그러다 문득 '이 달란트는 주인의 것이다. 주인이라면 어떤 계획을 세웠을까?' 하는 고민을 하지 않았을까? 그는 자신의 계획을 철수하고 다시 원점에 선다. 그리고 주인의 뜻을 헤아리려 한다.

사람의 마음에는 많은 계획이 있어도 오직 여호와의 뜻만이 완전히 서리라 잠 19:21

그는 자신의 안락을 위한 계획에서 주인을 위해 남기는 계획으로 삶의 궤도를 수정한다.

다섯 달란트 받은 자와 두 달란트 받은 자가 삶을 대하는 태도에서 우리는 그들이 지저스 스푼으로 사용되었음을 알 수 있다. 그들은 달란트의 주인이 자신이 아님을 알고 있었다. 그들은 받은 것에 대한 감사와 주신 자에 대한 경외심을 잃지 않았다. 그들은 위로부터 받은 것에 대해 남기는 자로 살아야 함도 알고 있었다.

우리의 삶이 '남겨야 하는 삶'이라는 것을 잊고 살 때가 많다. 우리는 그저 본전도 못하는 삶을 살도록 이 땅에 보내지지 않았다. 하나님은 우리에게 무엇이든 남길 수 있는 자원을 주시고, 그것을 재량껏 쓸 시간을 주셨다. 그것은 남길 수 있는 가능성을 믿어주신 것이다. 장사할 시간을 우리에게 주신 것이다.

다섯 달란트 받은 사람은 주신 달란트를 가지고 이집 저집 문을 두드린다. 두드리지 않으면 가능성을 열 기회를 놓쳐버린다. 그는 'No'도 경험하고 'Yes'도 경험한다. 그러면서 자신의 재능을 확인한다. 확인된 재능으로 목표를 정하고 수고의 폭을 넓힌다. 장사하는 요령, 즉 삶을 사는 지혜를 알게 되고, 어떻게 하면 남기는 삶을 살 수 있는지도 체득해간다. 그는 이제 하나님과 이웃에게 유익한 삶을 계획하며 살아간다.

남기는 삶이 눈물로 씨를 뿌려야 하는 것임에 오히려 생명력을 느낀다. 수고와 고난이 그들에게는 낯선 것이 아니다. 그들은 수고와 고난과 동행하며 남기는 기쁨을 알아간다. 그들은 큰 것을 꿈꾸지 않는다. 작은 일에 충성한다.

내가 아는 어떤 분은 어렸을 때 아버지 밑에서 사서삼경을 암송했다. 그런데 사십이 훌쩍 넘어 예수 그리스도를 믿게 되면서 성경을 암송하기 시작하셨다. 그 분의 호주머니 속에는 늘 성경 구절을 적은 쪽지가 있었다. 그 분은 나중에 성경암송학교 교장을 하셨다.

또 어떤 장로님은 늘 수첩에 무언가를 메모하는 습관을 가지고 있었다. 그런데 같은 교회의 권사님이 암투병을 하며 우울증에 걸렸다는 이야기를 듣고 웃음을 드려야겠다는 생각에 날마다 재미있는 이야기들을 짧게 적어 권사님에게 메일로 보냈다. 물론 권사님은 웃었고, 후에 그 글들은 작은 책으로 출판되어 여러 사람들에게 위로를 주었다.

내 친구 권사는 옛날옥수수빵을 만드는 법을 배워서 따끈한 빵, 솔직히 볼품은 없는 빵을 들고 마음 상한 사람들의 집을 찾아다닌다.

작은 일은 마음이 하는 일이다. 그러므로 우리는 하나님께서 어떤 일을 큰 일로 보시고 어떤 일을 작은 일로 보실지 알 수 없다. 그것이 큰 것이든 작은 것이든, 자신의 것을 내어놓는 삶이 남기는 삶이다. 그들은 날마다의 삶에 충실하며 주인과 결산할 날이 있음을 잊지 않는다. 우리가 우리 삶의 끝에 하나님 앞에서 결산할 것이 있다고 생각한다면 주어진 것을 땅에 묻을 수는 없을 것이다.

드디어 주인이 돌아왔다. 다섯 달란트 받은 사람이 주인을 반기며 "주인이여, 내게 다섯 달란트를 주셨는데 보소서 내가 또 다섯 달란트를 남겼나이다" 하고 남긴 달란트까지 주인에게 내어 놓았다. 주인은 "잘하였도다. 착하고 충성된 종아! 네가 적은 일에 충성하였으매 내가 많은 것을 네게 맡기리니 네 주인의 즐거움에 참여할지어다"라며 만족해했다. 두 달란트 받았던 사람도 남긴 두 달란트를 더해서 주인에게 드렸고, 주인은 똑같이 칭찬했다. 만약 한 달란트 받았던 사람이 원금과 남긴 한 달란트를 드렸다면 주인은 어떻게 했을까? 똑같이 칭찬하지 않았을까?

주인은 종들에게 받은 만큼 남기는 것 이상을 요구하지 않았다. 주인이 엄하고 인색하다고 생각한 종이 문제다. 우리에게 작은 일이란 없다. 그 작은 일이란 당신이 할 수 있을 만큼의 가능성을 가진 일이다.

어린 시절에 읽어서 제목은 기억나지 않지만, 어느 외국 작가가 쓴 단편 소설이 생각난다. 배경은 어느 성당, 그 성당에는 예수님상이 있었는데 한 어릿광대가 힘들고 지칠 때마다 그 상을 바라보며 마음의 쉼을 얻곤 했단다. 간혹 사제들이 예수님상 앞에서 자신이 지은 시를 읽거나 아름다운 찬송을 하는 것을 본 어릿광대는 자신도 예수님을 기쁘시게 해드리고 싶었다. 그런데 그에게는 접시 돌리는 재주밖에 없었다.

어느 날 아무도 없는 시간에, 어릿광대는 예수님상 앞에서 땀을 뻘뻘 흘리며 뒤로 앞으로 접시를 돌렸다. 지나가던 사제들이 그 모습을 보았다.

'아니, 저런 불경스러운 짓을 거룩한 곳에서 하다니.'

사제들이 그를 끌어내려 할 때 예수님이 단에서 내려와 그의 이마에 흘러내리는 땀을 닦아주셨다는 동화 같은 단편 소설이었다.

우리의 접시돌리기는 무엇일까? 정말 우리가 사용할 수 있는 것은 없을까? 받은 것을 사용하지 않은 한 달란트 받은 사람은 그 한 달란트까지 빼앗겼다. 빼앗긴 한 달란트는 열 달란트 가진 자에게 주어졌다. 다섯 달란트 받은 사람과 두 달란트 받은 사람은 소유하고 있는

능력을 충분히 사용해서 더 풍족하게 되었다.

그들에게 주인은 어떤 보상을 했을까? 며칠의 휴가? 아니다. 주인은 이들에게 더 많은 일을 맡겼다. 그것이 그들이 받은 보상이었다. 세상 이치도 그렇지 않은가? 오너는 일을 잘하는 사람에게 더 크고 중요한 일들을 맡기지 않는가?

일의 축복, 하나님이 주신 가능성을 찾아내 성실히 남긴 사람들은 더 큰 가능성을 복으로 받는다. 그것이 주인의 즐거움에 참여하는 것이다.

chapter 11

고난의 이유를 묻지 않는다

한 젊은이가 있었다. 그의 마음엔 분노가 가득 차 있었다. 몰래 숨어서 밀을 포도주 틀에 타작해야 하는 환경에, 그는 자괴감과 부끄러움을 느꼈다. 침입자들이 쳐들어와 수탈해갈 것이 두려워 숨어서 타작을 해야 하는 자신의 처지에 화가 났다.

그때 여호와의 사자가 그 앞에 나타나 "큰 용사여 여호와께서 너와 함께 계시도다"라고 했다. 숨어서 타작이나 하는 자신에게 큰 용사라니, 그는 민망하고 화가 치밀어 "여호와께서 우리와 함께 계시면 어찌하여 이 모든 일이 우리에게 일어났나이까?" 하고 대들 듯 물었다.

열심히 일해 겨우 통장 개수를 늘릴까 하면 도둑 같은 우환이 생기고, 뭘 하나 사놓으면 시세가 폭락해 된서리를 맞는 인생. 이 모양 저 모양 침입자들에게 빼앗기며 사는 삶이 두려워지는 인생. 그런 인생이라면 우리도 볼멘소리로 "하나님이 함께하신다면 왜 이런 일이 내게 일어나는 건가요?"라고 물을 것이다.

타작하던 젊은이는 계속 묻는다.

"우리 조상들이 일찍이 우리에게 이르기를 여호와께서 우리를 애굽에서 올라오게 하신 것이 아니냐 한 그 모든 이적이 어디 있나이까?"

젊은이는 어린 시절부터 자신들을 출애굽시키신 하나님의 이적에 관한 이야기를 듣고 자랐다. 말하자면 모태신앙이다. 이스라엘 백성을 구원하기 위해 애굽에 내리신 열 가지 재앙 이야기를 시작으로 홍해를 가르신 이야기들을 들으며 자랐을 것이다. 그런데 이제는 그 흥미진진하던 이야기도 믿을 수가 없다. 그런 하나님이시라면 미디안의 도둑 떼로부터 자신들을 구해주셔야 하는 것 아닌가?

예수님을 믿는 부모나 신앙 선배들은 자신들의 삶 속에 역사하셨던 하나님을 간증하지만, 거듭 취직에 실패해서 아르바이트나 하는 자신에게 그것이 무슨 소용인가?

'전지전능한 하나님이시라면서 왜 나를 취직도 못 시켜주시는 건가? 과연 기적이 있기나 한 거야? 정말 하나님이 살아 계신 거 맞아?'

포도주 틀에 밀을 타작하던 젊은
이의 이름이 '기드온'이라는 건 사사
기를 읽은 사람이라면 알았을 것이
다. 째째하게 숨어서 타작을 하다
가 "큰 용사여!"라고 불리자 당
황함에 퍼부었던 기드온의 질문
이 오늘을 사는 우리의 입에서도
불쑥불쑥 튀어나오지는 않는가?

우리가 하나님께 하는 질문에는 다 이유가 있다. 내 삶이 너무
힘들고 어려울 때, 남들은 다 잘 사는 것 같을 때, 특히 내가 생
각하는 악한 자들이 너무 떵떵거리며 살 때, 도무지 내게 왜 이런
일이 일어났는지 이해할 수 없을 때, 내가 부당한 요구를 받는다
고 생각될 때…, 고통스러운 체험 후 우리는 삶의 회의를 느끼며
절망과 냉소로 우리의 창조주에게 '왜?'라고 질문한다.

그런데 하나님은 이런 질문에 대답하지 않으신다. 그러면 하
나님은 어떻게 반응하실까? 대답은 잠시 미루어두기로 하자.

대답을 들을 수 없는 이유

이 사람의 질문이라면 답을 해주실 것 같은 사람이 한 명 있
다. 더할 수 없이 온전하고 정직하여 하나님을 경외하며 악에서
떠난 사람, 하나님이 사탄 앞에서 칭찬하며 내기를 걸었던 사람,

그 내기로 인한 사탄의 시험으로 모든 재물과 자녀들과 건강까지 잃고 재 가운데 앉아 질그릇 조각으로 몸을 긁고 있던 사람, 사랑하던 아내까지 "당신이 그래도 자기의 온전함을 굳게 지키느냐 하나님을 욕하고 죽으라"라고 저주를 퍼붓는, 기가 막혀도 너무 기가 막힌 사람.

이 사람보다 더 큰 고난을 받은 사람이 있을까? 그가 '억울한 고난이 왜 내게 닥치는가? 그 이유는 무엇인가?'를 물었을 때, 대답 좀 해달라고 애원했을 때(욥 13:22; 31:35), 이 사람에게만은 하나님께 대답 좀 해주셔야 하는 게 아닌가?

그러나 이 사람 욥도 하나님의 대답을 들을 수 없었다. 오히려 하나님은 욥에게 "무지한 말로 생각을 어둡게 하는 자가 누구냐?"(욥 38:2)로 시작해서 70가지 이상의 질문을 퍼부으신다. 천체, 땅, 짐승, 바다와 육지, 빛과 어두움, 동물 등에 대해 "네가 얼마나 알고 있느냐?"라며 질문하신다. 자연 현상도 이해하지 못하면서 어떻게 하나님의 섭리를 이해할 수 있겠느냐는 거였다.

과학이 발달할 대로 발달했다는 오늘에도 일기예보가 틀린다. 강력한 바이러스로 사람들이 쓰러져간다. 내일 우리에게 어떤 일이 일어날지 아무도 모른다. 욥은 사람의 비천함과 무력함을 인정할 수밖에 없었다. 이해할 수 없는 것을 이해하게 해달라고 했던 무지함을 깨달았다.

무지한 말로 이치를 가리는 자가 누구니이까 나는 깨닫지도 못한 일을 말하였고 스스로 알 수도 없고 헤아리기도 어려운 일을 말하였나이다 욥 42:3

사람이 하나님의 하시는 일을 모두 이해하려고 하는 것은 오만이다. 하나님이 우리의 질문에 설명해주신다 한들 우리가 깨달을 수 있을까? 스스로 알 수 있고 헤아릴 수 있을까? 하나님을 온전히 이해하려는 것이 가장 큰 무지가 아닐까?

욥이 하나님께 했던 질문, 지금 우리의 생각과 말을 대변했던 질문이 있다.

"세상이 악인의 손에 넘어갔고 재판관의 얼굴도 가려졌나니 그렇게 되게 한 이가 그(하나님)가 아니시면 누구냐?"(욥 9:24)

"어찌하여 악인이 생존하고 장수하며 세력이 강하냐?"(욥 21:7)

세상이 돌아가는 꼴을 보고 우리가 개탄했던 말에 하나님께서 되물으신다.

"네가 내 공의를 부인하려느냐 네 의를 세우려고 나를 악하다 하겠느냐?"(욥 40:8).

사실 우리의 질문은 '나는 의롭다'는 전제를 깔고서 하나님을 판단하며 묻고 있는 것이다. 한 시간 후에 내게 일어날 일도 모르면서 우리는 감히 하나님을 대적하려 든다. 하나님의 선하심을 굳이 믿지 않으려는 심보인 것이다. 우리는 하나님의 위대하심을 내 머리 사이즈만큼 축소시킨다.

우리가 진정으로 하나님을 이해하고 싶다면 하나님께서 우리에게 주신 성경 말씀까지다. 거기에 하나님의 마음과 생각하심과 행하심이 다 들어 있다. 인간의 본질적인 질문에 대한 답이 거기에 있다. 우리가 말씀의 절대성을 믿는다면 질문보다는 순종을 택할 것이다.

스물여덟 꽃다운 나이의 한 청년이 있었다. 진보적 단체에 가입했다는 죄명으로 수용소에 수감되기도 하고 사형 집행장으로 끌려가기도 하면서 그는 얼마나 많은 질문을 하나님께 했는지 모른다. '도대체 내게 왜 이런 일이?'라는 질문을 하며 하나님과 얼마나 씨름했겠는가?

이유 같지 않은 이유로 형장에 끌려가 사형대 위에 섰을 때, 그는 맞은편 교회의 십자가에 반사된 햇빛에 눈을 감았다. 그 순간 황제의 특명으로 그는 살아날 수 있었다. 몇 초만 늦었어도 그는 형장의 이슬로 사라졌을 것이다. 하나님은 그의 질문에 대답하지 않으셨지만 그에 대한 계획을 갖고 계셨음을 그는 몰랐다. 그의 이름은 도스토옙스키다.

시베리아로 유배를 가던 도스토옙스키가 성경을 만났다. 그는 자신의 의문에 대한 대답을 성경에서 채워나갔다. 그는 성경의 절대성에 대해 이렇게 말했다.

"만약 누군가가 아무도 이의를 제기할 수 없도록 성경이 거짓임을 내게 증명한다 할지라도, 나는 그 사람의 말보다 그가 거짓말이라 단정한 하나님의 말씀을 믿겠다."

그는 하나님의 말씀의 토대 위에 소설을 썼다. 《죄와 벌》,《카라마조프가의 형제들》같은 세계적인 걸작을 써 러시아의 대문호가 되었다. 그의 고통의 삶이 영광을 빚어냈다.

《죄와 벌》의 주인공 라스콜리니코프는 "어찌하여 악인이 생존하고 장수하며 세력이 강하냐?"라는 욥의 질문에 대해 답한다. 인간의 죄 된 본성과 회개와 회복에 관한 질문의 답이다. 하나님께서는 온갖 고난을 겪으며 산 도스토옙스키의 소설을 통해 우리의 질문에 답하신다. '도스토옙스키'라는 지저스 스푼에게 답하게 하신다. 처절했던 그의 삶의 질문에 하나님은 침묵하셨지만, 그를 향하신 하나님의 계획은 이미 세워져 있었다.

우리가 진정으로 질문해야 할 것들

다시 기드온의 이야기로 돌아가자. 몰래 숨어서 밀을 포도주 틀에 타작하다가 여호와의 사자에게 적대적인 질문을 했던 기드온을 기억하리라 생각한다. 이스라엘 백성은 미디안에게 7년간 압제를 받아 그들의 약탈과 파괴로 마음이 피폐해질 대로 피폐해졌다.

"하나님이 우리와 함께하신다면 이런 일이 있겠느냐?"

"하나님의 이적은 옛날 일이지 지금 일어나는 것은 아니지 않느냐?"

이 질문은 기드온뿐 아니라 그 시대 모든 이스라엘 사람들의 질문이었을 것이다. 지금 우리의 마음속에서도 이 질문은 수시로 꿈틀거린다. 그런데 분명히 짚고 넘어가야 할 일은 이전에 이스라엘 자손들이 또 하나님의 목전에서 악을 행하였다는 것이다. 또.

이스라엘 자손이 또 여호와의 목전에서 악을 행하였으므로 여호와께서 칠 년 동안 그들을 미디안의 손에 넘겨주시니 삿 6:1

우리는 죄를 먼저 짓고도 인내하시는 하나님을 생각하지 않는다. '왜? 어째서 이런 일이?'를 자신에게 묻지 않고 하나님께 묻는다. 여기에서 하나님은 그에 대답하지 않으시고 오히려 기드온에게 도전하신다.

여호와께서 그를 향하여 이르시되 너는 가서 이 너의 힘으로 이스라엘을 미디안의 손에서 구원하라 내가 너를 보낸 것이 아니냐 하시니라 삿 6:14

쉽게 말하면 "그럼 네가 해. 그 문제를 네가 해결하면 될 거 아니야. 내가 너를 보낼게"라는 것이다. 혹 떼려다가 혹을 붙인 꼴이 된 기드온은 펄쩍 뛰면서 뒤로 물러선다.

우리도 '이것이 문제다, 저것이 문제다' 지적하고 불평하다가도 "그럼 네가 해"라고 하면 도망간다. 인간적으로 약은 사람들은 절대로 총대를 매려 하지 않는다. 뒤에서 남을 조종하면서 앞으로 나서지 않는다. 그러나 변화를 원한다면, 그 변화가 자신을 요구한다는 것도 알아야 한다.

기드온은 "내가 무엇으로 구원하느냐? 내 집은 므낫세 중에 극히 약하고, 나는 내 아버지 집에서 가장 작은 자"라면서 꽁무니를 빼려 한다. 무언가 이룰 것같이 큰소리를 치다가도 멍석을 깔아놓으면 도망가는 격이다. 이런 경우 하나님이 우리에게 하시는 말씀이 있다.

"내가 반드시 너와 함께하여."

다시 말하면 '네가 나한테 함께하지 않아서 이런 일이 일어났다고 불평하였으니, 이제 내가 너의 소원대로 너와 함께하여 적을 물리치겠다'라는 거였다.

우리가 하는 기도에도 은밀한 불평이 있다는 것을 아는가? 그럼에도 그 기도에 응답할 테니 동역하자고 하시는 하나님 앞에서 도망치려는 나를 아는가? 하나님의 전능하심을 믿는다면서도 정작 내 문제의 해결은 하나님께 맡기지 않는 나를 아는가?

기드온은 사실 하나님과 함께할 인물이 되지 못했다. 그것이 지저스 스푼이 받는 은혜이기도 하다. 이런 졸장부를 큰 용사로 보시니, 하나님의 은혜가 아니고 무엇이겠는가?

현실에 불만이 많고 장구를 치고 피리를 불어도 움직이려 하지 않는 자일수록 의심이 많다. 기드온은 하나님께 시험을 치르게 할 생각이다. 도무지 보지 않고는 믿을 수가 없기 때문이다. 하나님의 오디션에 값없이 캐스팅 되더니 보이는 게 없는 모양이다. 맞다. 그는 눈은 떴다고 하나 장님이다. 그는 하나님을 세 번이나 시험했다. 바위에서 불이 나와 예물을 살라달라는 시험, 양털 한 뭉치를 타작마당에 두고 이슬이 양털에만 있고 주변 땅은 마르게 해달라는 시험, 그리고 양털만 마르고 그 주변 땅에는 다 이슬이 있게 해달라는 시험.

하나님은 또 잠잠히 시험을 치러주셨다. 누군가를 지저스 스푼이 되게 하기 위해 우리가 인내하는 것이 아니라 하나님이 인내하신다. 하나님께서는 이렇게 힘들게 동역자를 만드신다.

결과는 300명에 불과한 기드온의 군대가 이순신 장군의 '학익진' 작전과 같이 미디안의 대군을 무찔렀다는 것이다. 누가 함께 하셨는지는 말하지 않겠다. 사실 결론보다는 그 과정에서 하나님과의 동행에 만족하는 것이 용사에게 주어지는 더 큰 몫이다. 어떤 방법으로 하나님을 섬기느냐가 아니라 어떤 관계로 하나님을 섬기느냐가 승리보다 더 큰 크리스천의 기쁨이다. 하나님의 함께하신다는 약속이 이루어질 것임을 기대하는 삶이 이유를 묻는 삶보다 낫다.

하나님은 우리가 이해할 수도 없는 것을 질문하느라 시간을 보내기보다는 구체적인 내 삶의 문제를 그분께 묻는 것을 기뻐하신다. 하나님은 광대하신 분이지만, 우리를 향한 사랑 때문에 작은 우리의 질문에 귀 기울이기를 좋아하신다.

미국 남부는 면화 재배로 유명했으나 면화는 땅 속의 질소를 죽여 땅을 황폐화시켰다. 질소가 없어진 땅에 땅콩을 심으면 땅이 회복된다는 것을 발견한 사람은 미국 최고의 농학자인 조지 워싱턴 카버 박사였다. 박사의 말을 듣고 너도 나도 땅콩을 심어 땅은 회복되었지만, 땅콩의 생산량이 너무 많아서 처분할 방법이 없었다. 농장들은 또다시 도산 위기를 맞았고, 카버 박사는 고민에 빠졌다. 믿음이 신실했던 카버 박사는 당시의 일을 훗날 자신의 전기에 이렇게 썼다.

나는 마음이 괴로워 새벽 산 속을 거닐다가 해가 떠오르는 것을 보며 "하나님, 무슨 까닭에 이 우주를 창조하셨습니까?" 하고 질문했다. 하나님께서 대답하셨다.
"네 작은 소견으로 너무 큰 것을 알려 하지 말고 네게 적합한 것을 물어보아라."
내가 다시 물었다.

"대체 사람을 무엇에 쓰시려고 만드셨나요?"

하나님께서 대답하셨다.

"너는 네가 감당치 못할 것을 묻고 있구나. 그런 쓸데없는 것을 묻지 말고 네가 진정으로 원하는 것을 물어보아라."

그 순간 나는 엄숙해져 침묵했다.

한참 시간이 지난 후 내가 마지막으로 물었다.

"하나님께서는 무슨 까닭에 땅콩을 심게 하셨습니까?"

그러자 하나님께서 말씀하셨다.

"이제 됐다. 너는 땅콩을 한 줌 들고 실험실로 들어가서 연구를 계속하려무나."

이후 카버 박사는 밤낮으로 연구를 계속해서 100가지가 넘는 땅콩 식용품과 200종류의 실용품을 고안해내 경제와 산업을 회복시켰다.

자, 우리도 너무 크거나 알 필요가 없는 삶의 질문들은 철학자들이나 과학자들에게 맡기고 구체적인 질문을 하면 어떻겠는가?

"어떻게 하면 세계에 평화가 올까요?"

노벨평화상을 받은 테레사 수녀에게 어떤 기자가 이렇게 질문하자 그녀는 간단히 대답했다.

"가정으로 돌아가서 가족을 사랑하십시오."

나는 많은 크리스천들이 쓸데없는 질문으로 게으름을 피우고, 불평불만으로 일을 만들기만 하며 하나님과 동행하려 하지 않는 것을 보아왔다. 그러나 지저스 스푼으로 사는 사람들은 고난의 이유조차 묻지 않는다. 그들은 하나님의 책임지심을 믿고 기다릴 줄 안다. 하나님의 손에 들린 삶이 최고의 삶인 것을 인정한다. 고난의 이유나 삶의 이유를 묻지 않는다. 그저 오늘의 존재 의미를 예수 그리스도와의 관계에서 찾을 뿐이다.

chapter 12

지금, 여기, 내 삶을 받아들이다

왜 내가 그리 싫은가

우리가 가장 사랑하는 사람은 누굴까? 우리는 '내가 나를 가장 사랑하겠거니' 하면서 산다. 그러나 '나는 내가 싫다'라는 사람이 의외로 많다. 어느 심리학자의 보고에 의하면 설문 참가자의 90퍼센트 이상이 자신이 싫다고 했다니, 작품을 만드신 창조주를 모욕하는 일이다. 하나님은 사람을 만드시고 "심히 좋다, 보기에 심히 좋아"라며 자화자찬하셨는데 말이다.

'심히 좋다'의 히브리어 '토브'는 '위대한, 놀라운, 완벽한, 아름다운'이라는 의미이다. 이토록 좋은 '나'다. 그런데 사람은 왜 자신이 싫다고 할까? 그 이유를 알려면 창세기의 에덴동산까지 가 보아야 한다.

하나님께서 사람을 만드실 때 이런 고민을 하셨을 수도 있다.

'가장 좋은 모습으로 사람을 만들고 싶은데 어떻게 만들까?'

결국 하나님은 자신의 형상대로 사람을 창조하기로 하셨다. 사람은 이렇게 특별 제작되었다. 기가 막힌 은혜다. 하나님을 닮다니. 하나님은 이미 우리의 아버지가 되기로 작정하셨던 것이다. 어디 그뿐인가? 하나님은 인간을 다른 생물체와 차별화하시기 위해 그 코에 생령을 불어넣으셨다. 사람은 생령, 살아 있는 영이 되었다. 하나님의 인격을 소유한 특별한 존재가 되었다. 하나님과 대화할 수 있는 특권이 부여되었다.

사람은 아무것도 걸치지 않고 에덴동산을 뛰어다녔다. 자신의 갈빗대로 만들어주신 여자와 함께 '나 잡아 봐라~' 하는 유치한 놀이를 하며 놀았을까? 두 사람 다 벌거벗었으나 부끄럽지 않았다. 자신이 심히 좋다는 것을 알고 있었으니까.

사탄의 시기심이 발동했다. 인간의 '심히 좋다'를 타락시키는 일은 창조주를 향한 적대감을 드러내는 사탄의 계략 중 최고의 것이었다. 그는 결국 사람을 현혹시켜 하나님의 말씀보다 자신의 말을 듣도록 유혹했다. 그 말에 넘어간 사람은 하나님이 금하신 선악과를 따먹어버렸다.

그 순간, 첫 사람 아담과 하와는 먼저 스스로를 보게 되었다. 벌거벗었으나 아름답게 보였던 자신이 갑자기 수치스럽게 여겨졌다. 그들은 허둥지둥 무화과 나뭇잎을 엮어 치마를 만들어 치부를 가렸다. 그때부터 사람은 자신을 수치스럽게 여기게 되었다. 이것이 '나는 내가 싫다'의 기원이다. 확인하고 싶다면 창세기 1장에서 3장까지 읽어보라.

'내'가 싫은 사람은 창조주이신 하나님이 두렵다. 언제나 하나님의 낯을 피하여 숨으려 한다. '너'를 조력자가 아닌 가해자로 생각하고 인생을 가시덤불과 엉겅퀴로 생각하며 산다. 내 죄는 늘 나를 고발하고, 나는 삶이 고달프다. 그럼에도 창세기의 비밀을 모르는 사람들은 자신이 왜 그렇게 싫은지 이유도 모른 채 다른 사람으로 살고 싶어 한다. 다른 사람으로 살면 좀 더 잘 살 수 있으리라 생각한다. 가족까지도 바꾸고 싶어 한다.

'나는 다른 사람과 살고 싶다.'

우리는 1부에서 〈왕자와 거지〉 이야기를 읽었다. 왕자와 거지는 다른 사람의 삶을 동경한다. 왕자는 자유를 그리워하고, 거지는 왕자가 누리는 부와 명예를 그리워한다. 어느 날 우연히 만난 두 사람은 너무 닮은 얼굴에 서로 놀란다. 그들은 옷을 바꿔 입는다. 신분이 바뀌었다. 남으로 살고 싶은 인간의 욕망을 그린 이야기였다.

이런 인간의 욕망은 현대물에서 황당한 판타지로도 다루어진다. 어떤 이유를 거치며 주인공인 부잣집 아들이 가난한 집 아들이 되고 가난한 집 아들이 부잣집 아들로 변해 있다. 아니면 여자가 남자로, 남자가 여자로 몸이 바뀐다는 설정이다. 그렇게 다른 사람의 삶을 체험한다. 그들의 삶이 뒤죽박죽 얽히며 희극을 연출하다가 또 한 번의 사고로 다시 원래의 삶으로 돌아온다.

'나는 내가 싫다', '나는 다른 사람과 살고 싶다'라며 나를 벗어던지고 싶은 인간의 숨겨진 욕구를 작가가 묘하게 포장해서 내어놓은 이야기들이다. 거기에는 나를 숨기고 싶은 수치와 다른 삶에 대한 동경이 있다.

다행히, 이런 작품들에서 주인공은 다시 '나'로 돌아온다. '남'으로 살거나 '나'로 살거나 다 문제가 있고, 나름대로 십자가를 짊어지고 산다는 것을 깨닫게 되는 것이다. 그러므로 남을 부러워할 필요도 없고 미워할 필요도 없다는 것을 알게 된다. 그래서 '나는 내가 좋다', '나는 다른 사람과 살고 싶지 않다'라는 결론을 가지고 돌아온다. 그리고 내 몫의 삶에 만족하며 산다. 참 다행이다.

회복의 비밀 열쇠

이 이야기가 현실로 이어진다면 어떨까? 만약에 당신의 이야기로 2부를 이어간다면 어떨까? 잠시는 '그래, 인생이 다 그렇지 뭐' 하고 훨씬 더 너그러워진 눈으로 인생을 보며 넉넉한 마음으로 살 수도 있을 것이다. 그러나 여전히 당신은 자신이 달갑지 않을

수 있다. 문득 마음의 노출에 대한 불안을 느낄 때도 있을 것이
다. 나를 다 드러내어도 부끄럽지 않은 삶을 그리워하지만 실현
할 수 없는 무언가가 있다는 생각이 들 것이다.

자, 그것이 무엇일까? 나에게 자꾸 무화과 나뭇잎을 엮어 치마
를 만들어 입어야 한다는 압박감을 주는 것은 무엇일까? 이 문
제는 내가 남이 된다고 해결되는 것은 아니다. 내가 무엇이 되든
상관이 없다. 인간의 근원적인 문제이기 때문이다.

우리는 이 문제를 해결하기 위해 다시 에덴동산으로 가야 한
다. 아담과 그의 아내가 하나님의 낯을 피하여 동산 나무 사이
에 숨어 있다. 하나님은 아담을 부르셨다.

"네가 어디 있느냐?"

"내가 벗었으므로 두려워하여 숨
었나이다."

아담은 불순종의 원인을
아내에게 돌렸고, 아내는 뱀에
게 돌렸다. 하나님은 뱀에게 "내
가 너로 여자와 원수가 되게 하고
네 후손도 여자의 후손과 원수가
되게 하리니 여자의 후손은 네
머리를 상하게 할 것이요 너는
그의 발꿈치를 상하게 할 것이

니라"(창 3:15)라고 말씀하셨다.

하나님과 사람이 보기에 '심히 좋다'를 회복하기 위한 비밀이 이 예언에 있다. 사람은 여자의 후손을 만나야 한다. 우리의 죄를 대신해줄 분은 오직 여자의 후손 한 분뿐이다. 그분이 사탄의 머리를 상하게 하기 위해 십자가에 달리실 것이고 부활하실 것이다. 그것을 믿음으로 사람은 구원 받을 수 있는 것이다.

에덴동산의 '심히 좋다'는 예수님 안에서만 회복될 수 있다. 심히 좋은 우리의 형상을 회복시키기 위해 하나님이 자신의 독생자 예수님을 십자가에 못 박으셨으니까.

그 예수 그리스도를 내 구주로 믿을 때 하나님 앞에서 두려움으로 나무 사이에 숨지 않아도 된다. 내 이름을 부르실 때 "예, 여기 있어요" 하고 뛰어나올 수 있다. 벌거벗은 나를 무화과 나뭇잎으로 가리지 않아도 되고, 마음껏 뛰어놀아도 좋다. 사랑하는 사람에게 "당신은 내 뼈 중의 뼈요, 살 중의 살입니다" 하는 고백을 다시 해도 좋다. 그러면 당신에게 그토록 땀 흘리게 했던 가시덤불과 엉겅퀴가 가시를 웅크리고 꽃을 피울 것이다. 내가 아무리 큰 죄인이라도 '심히 나쁘다'라며 뱀이 나를 괴롭히지 못할 것이다. 내 죄 값을 그리스도가 십자가에서 죽으심으로 갚으셨기 때문이다. 그분이 목숨까지 내어주며 사랑하셨는데 누가 나를 나쁘다고 하겠는가? 우리는 그렇게 사랑 받는 자이다. 사랑의 잉태로 거듭난 자이다.

'심히 좋다'는 우리를 향하신 하나님의 사랑 표현이다. 당신의 연인이 당신에게 "너무 아름다워요, 보기 너무 좋아요" 한다면 베개를 안고 뒹굴며 잠도 못 잘 정도로 행복할 것이다. 이제 매일 행복해도 좋다. 하나님은 매일 당신이 '심히 좋다'고 하시니까.

나는 심히 좋다! 심히 좋다! 심히 좋다! 이제는 나를 남과 바꾸고 싶어 하지 않아도 된다. 왕자가 되고 싶어 하지 않아도 좋다. 금수저가 되고 싶어 하지 않아도 된다. 하나님은 당신을 그냥 그대로, 그 모습 그대로, 그 마음 그대로 사랑하시니까. 그럼에도 굳이 '나는 내가 싫다'라고 주장한다면 사랑의 배신 아닌가? 그보다 바보짓이지.

왜 나로 살아야 하는가

1부에서 모세 이야기를 하면서 2부에서 그 별난 왕자의 이야기를 계속하겠다고 했다. 지금부터 그 별난 왕자의 이야기를 해보자.

애굽의 궁전에 별난 왕자가 있었다. 그 왕자의 이름은 '물에서 건져낸 아이'라는 뜻을 가진 '모세'였다. 모세는 애굽 왕 바로의 딸의 아들이었지만 출생의 비밀을 갖고 있었다. 그는 애굽 왕의 혈통이 아니었다. 애굽에서 종살이하던 이스라엘의 가난한 집에서 흙수저로 태어난 아이였다.

모세가 태어날 당시 애굽의 왕은 이스라엘 자손이 번성하는 것이 두려워 이스라엘 가정에 남자아이가 태어나면 모조리 죽이라고 명령했다. 그러니 '원치 않는 아이'로 태어난 것이다. 죽을 운명이었지만 어머니와 누이의 지혜로 나일강에 버려졌고, 마침 목욕하러 나왔던 공주에게 발견되어 애굽의 왕자로 자라게 된 것이다. 이후 그는 왕궁에서 금수저로 자랐다.

모세의 유모는 히브리인인 친어머니였다. 그녀는 모세에게 젖을 먹이며 여호와 유일신앙과 히브리인의 민족성에 대해 들려주곤 했다. 좀 더 자라자 그는 궁중에서 애굽의 민족성과 문화를 배웠다. 왕자의 마음속에서는 두 민족성, 두 문화, 두 종교가 갈등을 일으켰을 것이다.

성장한 후에 출생의 비밀을 알게 된 그는 자신이 누구로 살아야 하는지 고민했다. 그는 공주의 입양아로 바로의 후계자가 될 수 없는 자신이 싫었다. 그렇다고 히브리인으로 종살이를 하며 살기도 싫었다. 자신의 출신 성분을 알게 된 그는 방황했고, 왕자로서의 삶이 안 맞는 옷을 입은 것처럼 어색해졌다. '뿌리 없음'의 심리 상태가 되어 흔들렸다. 그는 정체성의 혼돈을 느끼며, '나는 내가 싫다'는 심정으로 무의미한 삶을 살고 있었을지도 모른다.

그러나 그는 자신이 히브리인이라는 것을 잊을 수 없었다. 하루는 히브리인들을 보러 노역장으로 나갔다가 고되게 노동하는 히브리인을 치는 애굽인을 보았다. 왕자의 마음에 울컥 치밀어 오르는 게 있었다. 그는 순간의 분노로 애굽 사람을 쳐 죽여 모래 속에 감추었다. 그는 자신이 어쩔 수 없는 히브리인이라는 사실을 느꼈다. 그는 그런 자신이 더 싫었다.

결국 살인이 탄로나 그는 도망자 신세가 되었다. 미디안까지 흘러들어가 미디안의 제사장 집에 머물던 그는 제사장의 딸 십보라와 결혼한다. 그리고 아들의 이름을 '게르솜'이라고 지었다. '내가 타국에서 나그네가 되었다'라는 뜻이다. 드라마틱한 그의 인생 여정이 나그네의 삶으로 쓸쓸히 막을 내리고 있음을 한탄하고 있었던 듯하다. 그는 장인의 양 떼를 치며 40년의 세월을 보냈다.

애굽에서 왕자로 살았던 40년과 미디안에서 나그네로 살았던 40년. 금수저로 살았던 40년이나 흙수저로 살았던 40년을 엄밀히 따져 보면 '나'로 살지 못했던 삶이었는지도 모른다. 왕자로 살았다 해도 종의 집안 출신으로 늘 불안했고, 타국에서 처가살이하며 장인의 양을 치는 삶 역시 그에게는 뿌리내리지 못하는 나그네의 삶이었을 뿐이다. 자신에 대한 기대가 없어진 삶은 그저 지루한 시간 보내기였다. 우리라면 '이런 내가 정말 싫다'라고 했을 것 같건만.

그는 여느 날처럼 장인의 양 떼를 몰고 하나님의 산 호렙에 이르렀다. 불이 붙었는데 타지 않는 떨기나무. 그 희한한 나무를 보기 위해 가까이 가려 했을 때 떨기나무 가운데서 모세를 부르는 소리가 났다.

"모세야, 모세야."

하나님의 부르심에 그는 대답했다.

"내가 여기 있나이다."

이 대답을 하며 모세는 자신이 깨어나는 소리를 듣는 듯했다.

'나는 그동안 어디에 있었는가? 나는 왕궁에 있었고, 미디안에 있었다. 주인이 내가 아닌 나로 거기에 있었다. 그런데 이제 나는 여기 하나님 앞에 서 있다.'

"네가 선 곳은 거룩한 땅이니 네 발에서 신을 벗으라."

그동안 80년의 인생길을 신고 걸었던 내 신, 모세는 낡은 자신의 신을 내려다보았다. 하나님이 임재하신 거룩한 이곳에서부터는 그 신은 벗어버려야 했다. 인간의 신은 벗어버려야 했다. 고통도, 슬픔도, 무력감도, 좌절도, 외로움도 먼지처럼 담고 걸어왔던 그 신을 벗어야 한다.

하나님은 그를 이스라엘의 지도자로 삼기로 작정하시고 기다리고 계셨다. 그리고 이제 자신의 백성을 출애굽시킬 지도자로 그를 부르셨다. 모세가 보기에는 하나님의 개입이 너무 늦으셨다. 자신이 젊음의 혈기로 애굽인을 쳐 죽였을 때 부르셔야 했다. 그러나 왕궁 생활 40년이나 종살이 40년은 그에게 필수 훈련이었다.

지저스 스푼은 하나님을 위한 맞춤 제작이다. 대량 생산이 아니다. 하나님은 스스로 뽑으신 지저스 스푼을 구체적으로 사용할 매뉴얼을 가지고 계신다. 모세의 신을 벗기신 하나님은 모세의 지팡이를 권능의 지팡이로 만들어주셨다.

모세의 나머지 40년은 광야의 40년이었다. 하나님은 약속대로 모세와 함께하셨다. 험난한 광야의 삶이었지만, 모세는 처음으로 소망과 목적이 있는 삶을 살게 된다. 살아 숨 쉬는 영의 삶을 살게 된다. 그 안에 영이 머무는 자로 살게 된다.

지저스 스푼은 다른 사람으로 살고 싶어 하지 않는다. 다만 하늘 보좌를 버리고, 왕자의 삶을 버리고, 거지의 옷을 입고 오신 구세주처럼 살기를 원한다.

나를 찾아가는 길

사람들이 '바보 현자'라고 부르는 사람이 있었다. 그는 어느 날 자신이 너무 귀중하게 여겼던 당나귀를 잃어버렸다. 그는 잃어버린 당나귀를 찾아 헤맸다. 목이 쉬도록 당나귀의 이름을 부르며 찾아다니던 그는 지쳐서 길가에 주저앉았다. 마침 그 길을 지나가던 마을 사람이 왜 그렇게 힘없이 앉아 있느냐고 물었다. 당나귀를 잃었다는 이야기를 들은 이웃 사람은 함께 당나귀를 찾아보겠다고 했다.

두 사람은 함께 당나귀를 찾아다녔다. 그런데 이웃 사람이 보니 당나귀 주인이 잃어버린 당나귀를 애타게 부르다가 "하나님 감사합니다" 하고 기도를 하다가 또 당나귀 이름을 부르다가 기도를 하다가를 반복하고 있었다. 이웃 사람이 그 모습을 보고 그 이유를 물었다.

그러자 바보 현자가 대답했다.

"당나귀를 잃어버렸을 때 내가 그 위에 타고 있었더라면 나까지 잃어버렸을 것 아닌가? 얼마나 다행인가? 그래서 하나님께 감사 인사를 드린 걸세."

이 사람 정말 바보 맞아?

우리는 내가 소중하게 여기는 소유물을 잃으면 며칠을 찾아 헤맨다. 못 찾으면 마음이 상해 끙끙 앓는다. 평생 아까워할 수도 있다. 그런데 '나'를 잃는다면 어떻게 될까? 나를 잃는다는 생각조차 해보지 못하고 근근이 생명을 유지하며 사는 것으로, 그런 대로 사는 것으로 내 인생을 잘 산다고 할 수 있을까? 그런 철학적 사유는 배부른 자의 것인가? 다행히 아직까지는 당나귀만 잃은 당신! 감사의 기도를 드리며 〈왕자와 거지〉 이야기의 연장선에서 왕자의 '나' 찾기에 동행해보자.

에드워드 왕자와 거지 톰은 신분이 바뀌었다. 왕자는 왕자대로 거지는 거지대로 자신을 잃었다. 그동안 그들에게 속해 있던 모든 것들과 관계가 다 끊겼다. 인간의 '나'를 구성하고 있는 모

든 요소들이 해체되었다. 인간은 '나'라는 주체와 내 주변을 둘러싸고 있는 사회 문화적 환경인 객체에 의해 성장하는 것이다. 그 속에서 내 인생을 살아낼 수 있다. 왕자나 거지는 이제 '남'을 살아내야 했다. '나' 아닌 '남'으로 살 수 있는 기회가 왔지만 그게 그리 만만한 것이 아니었다.

나를 잃는다는 것에 대해 너무 심각하게 생각할 필요는 없다. 만약 우리가 남의 삶을 부러워하며 남과 나를 바꿀 생각을 하며 산다면 나를 잃기 십상이다. 나 자신을 부끄러워하고 나를 숨기려 한다면 당신의 '나'는 사라질 것이다. 당신은 남의 인생을 좇다 당신의 인생을 다 허비하게 될 것이다.

왕자의 '나' 찾기에서 크리스천은 하나님의 자녀라는 존귀한 '나'로 사는 법을 배울 수 있을 것 같다. 우리가 이 땅에서 거지로 산다고 해도 크리스천의 정체는 하나님의 자녀다. 에드워드는 거지로 살면서도 자신이 왕자인 것을 숨기지 않고 계속 왕자로 행동한다. 미쳤다는 조롱을 당해도 '나는 왕자다'라는 말을 멈추지 않는다. 그것은 그가 진짜이기 때문에 할 수 있는 일이다. 가짜에게는 자신에 대한 담대함이 없다.

크리스천들이 버려진 소금으로 사는 시대이다. 거리로 나가서 전도를 해보면 안다. 냉정한 거절과 거침없는 조소로 얼마나 크리스천들을 조롱하고 싶어 하는지. 하늘 왕자이신 그리스도의 옷을 벗기고 홍포를 입히며 가시관을 엮어 그 머리에 씌우고 갈대를 그 오른손에 들리고 희롱하던 무리가 오늘도 거리를 활보하며 그리스도에게 침을 뱉는다. 우리는 그 곁을 너무나 무심한 얼굴로 스쳐 지나간다. 빌라도의 뜰에서 작은 계집아이가 두려워 그리스도를 부인한 베드로가 닭이 울자 허겁지겁 뛰어 도망치듯, 그렇게 우리는 도망친다.

크리스천이 복음을 전하다 상처를 받는 것은 사실 믿지 않겠다는 사람들 때문이 아니다. 옆에 있는 크리스천들 때문에 상처를 받는다. 내가 학교에서 아이들과 예배를 드리고 복음을 전했을 때 교육청으로 학부모의 투서가 들어갔다. 교육청에서 장학사가 오고 교장이 펄펄 뛰자 동료 크리스천 교사들이 불똥이 튈 것이 두려워 함께 비난했다.

"꼭 그렇게 소란스럽게 예수를 믿어야 해?"

성경에 입 다물고 복음을 전하라고 했나? 그들은 나에게 너무 큰 것을 요구했다. 입을 다물고 말을 하라니, 내가 안 하면 돌들이 소리지를 텐데.

우리가 크리스천들을 모욕하는 집단에 있을 때, 조롱하는 그들에게 '나는 크리스천이다'라는 말을 하지 못한다면 우리는 이미

'나'를 잃어가는 것이다. 에드워드는 거지 떼에게 끌려 다니면서도 왕자로서의 품위를 잃지 않았다. 하나님의 자녀가 받는 고난은 '나'를 지킬 수 있는 면역력이 된다는 것쯤은 우리도 알고 있다.

한편 거지 톰은 자신이 상상했던 것과는 전혀 다른 왕궁 생활이 두렵고 답답했다. 이스라엘 백성이 애굽의 고기 가마를 그리워하듯 구걸 생활이 더 자유롭고 행복했다고 한숨을 쉰다. 어느 날 왕은 톰에게 "잉글랜드의 큰 옥새를 무엇하는 데 사용하였느냐?"라고 묻는다. 톰은 "호두를 까는 데 썼습니다"라고 대답한다. 가짜는 왕궁에 있어도 진리를 모른다. 그것이 어떤 의미이며 얼마나 소중한 것인지 모른다. 우리가 교회의 문턱을 드나들면서도 진리를 소홀히 하는 것과 같다. 왕의 상징인 옥새로 호두를 까는 톰과 같이 우리는 그리스도의 십자가 진리를 생활의 도구로 이용하기도 한다.

에드워드는 가난한 사람들 속에서 함께 살아가며 자신이 돌보아야 할 백성의 안타깝고 처참한 현실을 보며 좋은 왕이 되겠다고 다짐한다. '나'는 고난 속에서 단련 받으면서 '남'을 알게 된다. 결국은 남과 내가 한 몸임을 깨닫게 된다. 왕자는 진정한 내가 되는 길을 찾게 되었다.

부왕이 죽고 톰이 왕위를 이어받는 날, 왕자는 왕궁으로 돌아간다. 자신이 갈 곳은 아버지의 집임을 알았던 것이다. 진짜는 천국의 소망을 갖고 산다. 에드워드는 자신이 진짜 왕자임을 주장한다. 우리가 천국에 가는 날, '나는 크리스천이다'라고 당당히 말할 수 있을까? 그리스도의 보혈로 깨끗이 된 크리스천이라고, 그래서 천국을 소유할 수 있는 자라고 '통과'를 요구할 수 있을까?

에드워드 왕자는 사라진 옥새의 위치를 정확히 말하고 왕이 되어 빛나는 금관을 쓴다. 십자가의 진리를 마음으로 믿어 입으로 시인하는 자는 옥새의 위치를 안다. 복음을 전하는 자들에게는 왕이 아니더라도 우리가 그토록 좋아하는 스타(별)가 되게 하신다는 약속이 있다.

지혜 있는 자는 궁창의 빛과 같이 빛날 것이요 많은 사람을 옳은 데로 돌아오게 한 자는 별과 같이 영원토록 빛나리라 단 12:3

에드워드는 끝까지 왕자의 신분을 잊지 않았고, 고난 속에서 자신을 지킬 수 있는 힘을 길렀다. 거친 세상 속에서 백성의 고통을 알게 되었고, 백성을 위한 소망을 갖게 되었다. 에드워드 왕자의 '나' 찾기의 과정은 결국 '남'을 알아가는 여정이었다. 남으로 사는 것이 아니라 나로 남을 복되게 하는 길을 찾는 것이었다. 에드워드 왕자의 '나' 찾기는 지저스 스푼의 '나' 찾기와 닮아 있다.

chapter 13

함께하는 삶을 즐기다

혼자를 즐기지 마라

지하철을 탄다. 작은 섬들이 완고하게 앉아 있다. 마치 모두가 서로에게 '접근 금지'의 노란 줄을 치고 들어 앉아 있는 것 같다. 핸드폰이 만들어주는 영역에서 그들은 철저히 외부를 차단한다.

식당에 들어간다. 바쁘게 손을 놀리며 문자를 보내거나 게임에 몰입해 각자 앉아 있다. 서로를 외롭게 하면서. 서로 눈을 맞출 필요가 없다. 음식이 나오면 각자 음식 사진을 찍고 마치 의무를 이행하듯 음식을 먹고 일어선다.

집 안으로 들어간다. 각자의 방으로 간다. 방문을 닫아버린다. 그것은 차단기로 내려지는 견고한 방어벽이다. 우리는 점점 더 그렇게 살아간다. 혼밥하고 혼술한다. 혼곡하고 혼놀한다.

혼자 밥 먹고, 혼자 술 먹고, 혼자 노래하고, 혼자 논다. 불편한 관계가 싫다. 혼자만의 여유를 즐기고 싶다. 관계를 맺는 것이 부담스럽다. 그러면서 외롭다고 한다. 대체 왜 그런 것일까? 사람은 원래 그렇게 살지 않도록 창조되었기 때문이다.

만일 사람을 혼자 살기 적당하게 지으셨다면, 왜 마취까지 시켜가며 아담에게서 갈빗대 하나를 뽑아내셨겠는가? 하나님은 아담에게서 갈빗대 하나를 취하시기 전에 분명히 말씀하셨다. 창세기 2장 20절에서.

"아담이 돕는 배필이 없으므로."

다 이유가 있으셨다. 사람은 완벽하게 지어진 것이 아니라는 거였다. 우리는 하나님의 형상대로 지어졌다고 은근히 자랑하지만, 사실 다른 이의 도움 없이 혼자 살 존재가 못 된다. 하나님은 아담의 갈빗대로 여자를 만드셨다. 하나이면서 둘이고, 둘이면서 하나인 존재가 인간이다. 서로 돕지 않으면 불완전한 존재이다.

예수님은 돕는 관계를 중시하셨다. 제자를 보내실 때는 둘씩 짝을 지어 보내셨다(막 6:7). 기도를 가르치실 때는 '내가, 나에게'라고 하지 말고 '우리가, 우리에게' 하라고 가르치셨다. 주기도문을 보면 알 수 있다. 그런데 우리는 너무 복잡하고 너무 소란한 세상 속에 살면서 지쳐버렸다. 조용히 살고 싶고, 간섭 없이 살고 싶다. 그런 천국에서 살고 싶어 한다.

이런 이야기가 있다. 어떤 사람이 평소 소원하던 대로 천국에

갔단다. 아주 조용하고, 먹을 것 많고, 마음껏 낮잠을 자도 잔소리하는 사람 하나 없고, 실컷 게임을 해도 말리는 사람 하나 없는 그곳에서 너무 너무 신나게 세월을 보냈다. 그런데 갈비뼈 한 개가 빠진 그 가슴 쪽에 이상이 생겼다. 외롭고 우울했다. 아무래도 우울증에 걸린 것 같았다. 그 병은 자기가 그렇게 싫어하던, 복잡하고 귀찮은 지옥으로 가야 나을 것 같았다. 그래서 천사에게 인터폰을 했다.

"지옥이 더 나을 것 같아요. 지옥으로 보내주세요."

그러자 천사가 담담히 대답했다.

"여기가 지옥입니다."

뭐래?

이 이야기를 이해하겠는가? 지금 방문을 잠그고 게임에 빠져 있다면 이해하고 싶지 않을 수도 있겠다. 하지만, 뜻대로 맺어주신 가슴뼈가 잘 맞춰지지 않아 덜거덕 소리를 내더라도 서로 맞추려 노력하면서 사는 것이 창조주의 뜻은 아닐까? 하긴 빼냈던 걸 다시 잘 맞추기란 쉽지 않다.

혹 이 말에 오해가 생길 수 있다.

'그럼, 혼자 있는 건 나쁘다는 건가? 혼자 있을 수 있는 능력이 사랑할 수 있는 능력의 조건이라고 말하는 사람도 있는데…'

아마 그 사람이 말한 '혼자 있을 수 있는 능력'이란 스스로 자립해서 다른 사람에게 집착하지 않는 걸 뜻할 것이다. 스스로 담을 쌓고, 그 담에 갇혀 고립되는 '혼자'를 뜻하지는 않을 것이다.

성경은 창세기 첫 장에서부터 인간이 관계적 존재라는 것을 이야기하고 있다. 하나님이 인간을 지으신 것은 인격적인 교제를 나누기 위해서였다. 인간은 본질적으로 하나님과 함께 살아야 하는 존재로 지어졌다. 아담의 갈비뼈로 하와를 지으신 것도, 인간은 관계를 맺으며 살아야 한다는 의미였다. 하나님께서 구상하신 관계는 '사랑'이었다.

혼자를 즐기지 말아야 하는 이유는 혼자는 사랑을 할 수 없기 때문이다. 어쩌면 이것은 창조를 거역하는 것일 수도 있다. 하나님이 우리를 지저스 스푼으로 부르실 때 하시는 말씀이 있다.

"내가 너와 함께하겠다."

그분의 이름을 기억하는가? 임마누엘, '하나님이 우리와 함께 계시다'라는 뜻이다. 가슴 떨리는 말 아닌가? 함께하신다는 말씀은 '내가 너의 모든 것이 되어주겠다'라는 말씀이다. 그 이유는, 우리를 자신의 눈동자처럼 사랑하시기 때문이다.

나를 눈동자같이 지키시고 주의 날개 그늘 아래에 감추사 시 17:8

그러나 하나님의 사랑은 에덴동산에서 이미 배신당했다. 그로 인해 함께 사랑을 나누어야 할 그 아름다운 곳에서 우리는 하나님과 분리되었다. 하지만 우리를 찾으시는 하나님의 사랑은 처절하고 끈질기시다. 모른 척하지를 못하신다. 부정한 아내를 찾아 값을 주고 다시 데려온 호세아처럼, 집 나간 둘째 아들을 기다리는 아버지처럼 여전히 우리에게서 시선을 거두지 못하신다. 아무리 다가서려 해도 뒷걸음질치는 사랑하는 자를 위하여 하나님은 십자가 다리를 놓으셔야 했다. 자신의 가장 소중한 독생자를 십자가에 못 박으셔야 했다.

값없는 은혜라, 인간 편에서는 그렇게 쉽게 말할 수 있을지도 모르겠다. 하지만 하나님 편에서는 갈가리 찢기는 아들의 아픔을 그저 바라보셔야만 했던 아버지, 그 자신이 산산조각으로 찢기는 사랑이었다. 그런데 우리는 그 사랑을 무효화시키려고 한다.

지저스 스푼은 하나님께서 "내가 너와 함께하겠다" 하시는 그 약속을 붙들어야 한다. 하나님이 부르실 때 우리는 일을 먼저 생각하기에 힘들어한다. 그러나 일이 먼저가 아니다. 하나님은 사랑의 관계 맺기를 먼저 원하신다.

하나님께서 나를 쓰러져가는 학교로 보내셨을 때, 나는 그곳에서 일하면서 앉으면 일어설 수가 없을 만큼 지쳐버렸다. 생각지도 못했던 일들이 철판 조각처럼 머리 위로 떨어지며 겹겹이 나를 눌렀다. 학교를 살리기 위해 해야 할 일은 산더미 같았고, 내체력은 그 일들을 감당하지 못했다. 내 입에서는 못하겠다는 비명이 터져 나왔다. 그때 하나님은 내게 깨닫게 하셨다. 하나님께서 내게 원하시는 것은 일보다 관계라는 것을. 산더미같이 쌓이는 일들을 처리하다 보니 내 삶은 일 중심으로 굴러가고 있었다. 그래서 하나님께서 함께하자고 하실 때마다 나는 "잠깐만요"라며 하나님을 뿌리치고 혼자 달리곤 했다.

그걸 깨닫고 난 이후, 나는 하나님의 음성을 듣기로 작정했다. 일하는 시간과 기도하는 시간의 균형을 잡아갔다. 밤에 기도하면 내일 할 일이 떠오르고, 낮이면 내가 일할 수 있는 길을 먼저 열어놓으신 하나님을 볼 수 있었다.

일이 새끼줄같이 꼬이고 삶이 버거워질 때는 우리가 일을 붙잡고 내 힘으로 해보려고 안간힘을 쓸 때이다. 그 시간이 우리에게는 힘겨운 시간이지만, 사실 은혜 받을 만한 시간이기도 하다. 하나님이 한 발 더 가까이 다가서시며 "나와 함께하면 어떻겠니?"하고 물으시는 때이다.

그런데 우리는 참으로 '의심'이라는 고질병을 떨쳐버리기가 어렵다. '오히려 내 주먹을 믿겠다'라는 오만함이 예수 그리스도를 믿기 전의 나에게도 있었다. 주여, 용서하소서!

솔직히 말하면 우리는 자신의 주먹도 믿지 않는다. 우스개 이야기를 하나 하겠다. 옛날에 어떤 사람이 신발을 사려고 발을 종이 위에 올려놓고 발 모양과 크기를 그렸다. 그리고 신발가게로

갔다. 그런데 아뿔사, 발을 본 뜬 종이를 집에 두고 온 것이다.
그는 가게 주인에게 "발을 본 뜬 그림을 집에 두고 왔으니 좀 기
다려주시오"라고 했다. 주인은 '아내 신발을 사려나?' 하고 기다
리다가 너무 늦어 가게문을 닫아버렸다. 발을 그린 그림을 들고
헐레벌떡 신발을 사러온 그 사람은 가게문이 닫힌 것을 보고 실
망했다. 처음부터 그것을 지켜보고 있던 이웃 사람이 그에게 물
었다.

"누구 신발을 사려고 그러우?"

"내 신발이지요."

"그럼 그 신발본이 당신 거라는 말이요?"

"그렇지요."

"아니, 당신 신발을 사려면 직접 신어보고 사면 될 것 아니오."

이웃 사람은 기가 막히다는 듯 말
했다. 속으로는 '이 사람 얼간이
아니야' 하면서. 그런데 그는 어
림없다는 듯 고개를 저으며 대
답했다.

"난 내가 직접 그린 그림
은 믿을지언정 내 발은 믿지
않소."

이 이야기 뭐지? 우리를 당황케

하는 이 이야기의 진의는 무얼까? 인간이란 자기가 만들어낸 무언가에 대해서는 확신하면서도 자기 자신에 대해서는 믿지 않는다는 이야기가 아닐까? 주먹을 믿는다는 오만한 자, 자기 발도 못 믿어 매번 걸려 넘어지면서.

인간은 자신이 설계해놓은 삶의 설계도가 없어지면 '다 끝났다', '이제는 소망이 없다'라고 한다. 자신에게는 생각할 머리도, 다시 그릴 손도 다 남아 있는데 깨닫지 못한다. 원본이 내 주머니 안에 있는데 사본을 찾지 못해 화가 잔뜩 나 있다. 이런 아둔한 우리에게도 하나님은 동역하자고 손을 내미시니 은혜다. 사랑의 관계를 맺기 원하시니 감사할 뿐이다.

> 너의 행사를 여호와께 맡기라 그리하면 네가 경영하는 것이 이루어지리라 잠 16:3

내 삶의 경영권을 하나님께 드리면 어떻게 될까? 기대가 되지 않는가? 만약 기대가 되지 않는다면 "믿음이 없는 자여, 왜 의심하느냐?"라는 질책을 들어도 싸다. 함께하는 관계의 기본은 신뢰다. 혼밥도 좋고, 혼곡도 좋고, 혼놀도 좋지만 그것이 오래 간다면 우리는 사랑을 잃고 우울증에 시달릴 수도 있다. 불편을 감수하더라도 서로 돕고 관계를 맺으면서 사는 인생이 창조에 부응하는 삶이다. 이 말씀을 당신에게 선물로 주고 싶다.

나는 주께서 네 심령에 함께 계시기를 바라노니 은혜가 너희와 함께 있을지어다 딤후 4:22

함께 지어져가라

850명과 싸워 이기고도 허리를 동이고 마차보다 앞서 달린 사나이를 기억할 것이다. 지금까지 나온 많은 영화 속의 히어로들도 이 사람을 따라가지는 못한다. 그런데 그 엘리야가 한 사람, 이세벨의 위협을 피해 광야로 도주하기 시작했다. 광야를 달리다 지친 그는 로뎀나무 아래 쓰러지듯 기대앉았다. 기진맥진한 그는 하나님께 차라리 죽게 해달라고 기도한다. 번아웃(burnout) 신드롬에 빠진 것이다.

극도의 피로감이 그에게 몰려왔다. 만사가 귀찮아지고 움직이기조차 싫었다. 무기력증이 그를 짓눌렀다. 살고자 하는 의욕이 상실되었다. 도대체 왜 그렇게 뛰고 또 뛰었는지, 자기혐오가 스멀스멀 어두운 그림자로 그를 휘감았다. 그는 죽기를 원할 만큼 피곤하고 우울했다.

이때 하나님의 치료 방법은 단순했다. 자고 먹고 마시고 다시 자게 하셨다. 참 다행이다. 저쪽 어느 교회 권사님이라면 "기도를 안 해서 그렇지", "성령충만하지 않아서 그래", "믿음이 약해서 그렇다니까", "마귀를 이겨야지"라고 했을 텐데. 사람들은 가르치는 일에 너무 재미를 붙였다. 욥이 그 지경이 되었는데도 위로

랍시고 가르치려들었던 욥의 친구들처럼.

그러나 하나님은 우리의 체질을 아시는 분이다. 인간의 단순한 일차적 욕구를 채우는 사이 엘리야의 슈퍼맨 콤플렉스가 벗겨졌다. 그는 그것을 벗을 필요가 있었다.

우리도 인생길을 열심히 뛰다 로뎀나무 아래 털썩 주저앉을 때가 있다. 번아웃 신드롬에 빠질 때가 있다.

"제발 나를 조용히 있게 해줘!"

먹을 것, 마실 것만 주고.

기운을 차린 엘리야가 하나님의 산 호렙의 굴에 들어가 은신하자 하나님은 그곳으로 찾아가셨다. 그때 엘리야는 자신의 섭섭한 마음을 거듭 털어놓았다. 쉽게 풀어 쓰면 이렇다.

"내가 하나님을 유별날 정도로 열심을 다해 믿은 것 아시지요? 다른 사람들은 하나님을 버리고 교회를 떠났어도 나는 아니잖아요. 이제 오직 나만 남았다고요."

엘리야의 섭섭한 마음을 알 것도 같다. 얼마나 힘든 싸움을 싸웠는가? 얼마나 열심을 다해 섬겼는가? 얼마나 신앙의 순결을 지키려고 애썼는가? 그런데 그에게 돌아온 것은 아무것도 없다. 승리의 면류관도, 환호 받을 존경도, 쉴 수 있는 배려도 무시되었다. 모든 수고가 헛되게 보였고, 모든 노력이 아무런 효과도 없어 보였다. 오히려 도망자 신세가 되었다. 외로운 자로 남겨졌다. 섭섭할 만하다. 그럴 만하다. 제대로 무얼 해보지도 않은 우리도 '번아웃'이니 뭐니 하는데.

그런데 솔직히 엘리야도 혼자 한 것은 아닌데. 하나님과 함께한 것 아닌가? 엘리야의 하소연에 하나님께서 그가 정신이 번쩍 들 말씀을 하셨다.

"넌 혼자가 아니다. 칠천 명이 남겨져 있다. 너는 오직 너만 남았다고 하지만 우상에게 무릎을 꿇지 않고 우상에게 입 맞추지 않은 수많은 사람들이 있다."

엘리야는 천하에 없는 믿음의 용사였지만 자기 관리에 소홀했다. 성경 속의 영웅들은 한순간에 무너졌다. 삼손은 들릴라의 눈웃음에, 모세는 참지 못하고 내려쳐버린 바위에, 다윗은 목욕하는 여인에게.

신앙은 지금 잘 믿는다고 자랑할 것이 못 된다. 우리는 지금 이 시간, 이 순간에 주목해야 한다. 우리와 하나님 사이에 누가 있느냐가 중요하다. 하나님과 삼손 사이에는 들릴라가 있었고, 하나님과 모세 사이에는 분노가 있었고, 하나님과 다윗 사이에는 밧세바가 있었다. 하나님과 엘리야 사이에는 영웅주의가 있었다. 지금 하나님과 나 사이를 비집고 들어오려는 것은 없는가? 있다면 관리를 받아야 한다. 피부 관리도 종종 받으면서 우리는 마음 관리에 너무 소홀하다.

우리가 자신을 관리할 수 있는 방법은 단 하나다. 포도나무에 가지가 붙어 있듯 그렇게 하나님께 달라붙어 있으면 된다. 하나님께 주목하는 것이다. 학창 시절에 "주목" 하고 외치는 선생님을 못 본 척하는 학생은 없었다. 매를 맞을 테니까.

주목한다는 것은 오직 하나만 바라본다는 것이다. 삼손은 들릴라를 주목했고, 모세는 원망만 일삼는 이스라엘 백성을 주목했다. 다윗은 밧세바를 주목했고, 엘리야는 이세벨을 주목했다. 지금 우리는 무엇에 주목하고 있는가? 무엇에 정신을 집중하고 있는가?

우리는 850대 1까지는 아니라도 무수히 많은 삶의 복병들과 싸우며 여기까지 왔다. 여기서 실족할 수는 없지. 여기서 구원의 반열에 서는 것을 포기해버린다면 결국 영원한 생명을 잃게 되는 것인데 말이다. 그러니 서로 부추기며 함께 가야지.

어쨌든 지금 엘리야는 번아웃 신드롬에 빠져 있다. 우리에게도 그런 증상이 보인다. 교회는 무기력증에 빠져 있다. 함께 지어져 가는 일에 집중하지 않고 있다.

너희도 성령 안에서 하나님이 거하실 처소가 되기 위하여 그리스도

이 말씀이 분명함에도 각자 '오직 나만', 홀로를 주장한다. 혼자는 외롭고 분노에 차 있다. '함께'는 공통된 언어가 있어야 한다. '우리는 모두 연약한 존재'와 같은 것 말이다.

로뎀나무 아래의 엘리야도 결국 그것을 인정할 수밖에 없었을 것이다. 하나님은 그때 그에게 천사를 보내셨다. 천사는 그를 어루만졌다. 상처 받은 교회를 어루만질 사람이 지저스 스푼이다. 쓰러져 있는 엘리야에게 천사는 또다시 와서 거듭 어루만졌다. 상처가 많은 교회라면 거듭 거듭 어루만져야 한다.

우리는 무너져가는 교회를 그리스도 예수 안에서 함께 지어가야 한다. 조각목으로 만든 수많은 널판들이 함께 모여 성막을 세운 것처럼, 우리 각자가 기꺼이 '함께 속의 하나'로 있어야 교회로 지어질 수 있다는 것을 알아야 한다.

서로를 복되게 하려는 책임

아담과 하와가 에덴동산에서 쫓겨난 후 첫아들 가인을 낳았다. 축하! 축하!

그 후 둘째 아들 아벨도 낳았다. 아벨은 양 치는 자로, 가인은 농사하는 자로 자랐다. 세월이 지난 후 가인은 땅의 소산으로 하나님께 제물을 드렸고, 아벨은 양의 첫 새끼와 그 기름을 하나님께 드렸다. 그런데 하나님은 가인과 그의 제물은 받지 않으셨다. 왜지? 우리는 얼른 제물의 값을 따진다. 그런데 제물이 문제가 아니었다. 하나님은 가인 자신을 받지 않으시고 그 제물도 받지 않으셨다고 했다. 성경을 잘 읽어보면 알 수 있다. 가인 자신이 선을 행하지 않았다는 것이 문제라니까. 제물보다는 사람이 먼저다.

가인은 몹시 분하여 안색이 변했다. 우리도 내가 한 일을 모르고 화를 내기도 한다. 사탄이 가인의 마음 문 앞에 바짝 엎드려 그를 노략질할 기회를 엿보고 있었다. 죄가 가인을 원했다. 우리도 원하겠지. 무섭다. 가인은 죄를 다스릴 수 있었지만 죄를 방치했다.

그러다 어느 날 들에서 가인은 아벨을 죽였다. 하나님께서 가인에게 "네 아우 아벨이 어디에 있느냐?"라고 물으셨다. 그때 가인은 "내가 알지 못합니다. 내가 내 아우를 지키는 자입니까?"라고 반문했다.

수없이 많은 사람들이 빛나는 생명으로 태어났다. 나는 어렸을 적에 갓 태어난 아기의 볼에 해와 달이 그려진 줄 알았다. 옛날이야기를 너무 많이 들은 탓이다. 해와 달은 아니어도 생명은 빛나는 것이다. 인정하고 싶지 않지만 나를 괴롭히는 아무개도, 내가 싫어하는 아무개까지도 빛나는 생명으로 이 땅에 태어났다.

하나님은 우리에게 "네가 지킬 그 생명은 어디에 있느냐?"라고 물으신다. 이 말씀은 '우리는 서로 지켜야 할 책임이 있다'라는 말이다. 그럼에도 우리는 얼굴을 쳐들고 가인과 같이 대답한다.

"내가 알지 못합니다. 내가 그 사람을 지키는 자입니까?"

우리는 지켜야 할 누군가가 있다고 생각하는 것조차 귀찮다.

'나도 살기 힘든데 왜 내가 누구를 지켜야 해.'

그건 부당한 요구라고 생각한다. 그 부당함을 감수한 누군가로 인해 내 생명이 자랐건만.

TV 방송 프로그램 중에 〈아이콘택트〉라는 것이 있었다. 그 프로그램은 대부분 지켜야 할 사람을 지켜주지 못한 사람이 신청하거나 그 반대편에서 신청하여 서로 대면하는 내용이다.

오해로 인해서든 어떤 형편이 있어서든 서로 의사소통이 안 되어 있는 상태에서 그들은 만난다. 같이 일했던 사람들, 같은 형편에 있는 가족, 부모와 자식, 형제 자매 관계, 부부…. 그들은 뻣뻣한 종이 같은 얼굴로 만난다.

각자가 다른 방으로 들어와 마주 앉으면 가려놓았던 막이 올라가고 서로를 대면하고 앉아 말없이 서로의 눈을 바라보아야 한다. 몇 분간 말을 안 하고 눈 맞춤만 하는 것이다. 눈으로 수없이 많은 말이 오간다. 어떤 사람은 눈물을 흘린다.

한 번은 암으로 몇 달밖에 살 수 없다는 한 젊은이가 부모를 그 자리에 초대했다. 그 젊은이가 다섯 살쯤 되었을 때 날마다 싸우던 어머니는 도망가버렸다. 아버지는 술로 세월을 보내다 다른 여자와 살러 갔다. 그는 누나들과 말할 수 없이 고생하다가 누나들은 죽고 자신은 병든 몸으로 그 부모와 만나기를 요청했던 것이다. 따로 들어온 아버지와 어머니는 서로 어색해하면서 아들을 마주보았다. 눈 맞춤이 끝나고 아들은 부모에게 물었다.

"나한테 해줄 말 없어?"

어머니가 거우 대답했다.

"넌 공을 좋아했어."

그 한마디밖에 할 말을 찾지 못했다. 부부는 아들에게 이야기해줄 아무런 추억이 없었다. 그 부부가 아들에게 한 말은 "지켜주지 못해 미안해"였다. 아들은 잠잠히 자신의 어린 자식들에게 남길 가족사진을 한 장 찍자고 한다. 그것이 그가 부모에게 부탁한 처음이자 마지막 소원이라고 했다. 아들은 "웃자, 웃자" 하면서 핸드폰의 카메라 셔터를 눌렀다. 곧 생명을 잃을 아들이 "지켜주지 못해 미안해"라는 말밖에 할 수 없는 부모와 창백한 얼굴로 사진을 찍었다.

솔직히 나는 그 프로그램을 보면서 그 부모를 때려주고 싶었다. 가인에게 아벨의 안부를 물으실 때 하나님도 그런 심정이 아니셨을까? 그럼에도 하나님은 가인에게 표를 주고 유리하는 자가 되게 하셨다. 적어도 가인의 표는 받지 말아야지.

지켜준다는 말은 사랑한다는 말에 포함된다. 인간의 가장 기본적인 사랑이 부모 자식 간의 사랑이다. 그 사랑까지 지켜지지 못하는 세상 속에서 수없이 많은 생명들이 서로를 지켜주기는커녕 피를 흘리게 한다. 우리는 가까이, 내 옆에 있는 사람과 눈 맞춤의 시간을 얼마나 보내고 있는가? 서로의 생명을 지켜주고 빛나게 하기 위해 얼마나 노력하고 있는 것일까?

하나님께서는 가인에게 왜 우주를 지키지 않았느냐고 하지 않으셨다. 왜 세계를 지키지 않았느냐고도 하지 않으셨다. 그냥 가인의 곁에 있던 아우가 어디에 있는지 물으셨다. 우리 곁에 함께 있어야 할 그 작은 자의 안부를 물으셨다. 인간을 아시니까. 만약 하나님께서 우리에게 우주도, 세계도 지키라고 하신다면, 우리는 입을 떡 벌리고 "진짜요?"(Really?)라고 되물을 것이다. 나 자신을 아니까.

자비로우신 하나님께서는 다행히 내 곁에 있는 한 사람의 안부를 물으신다. 생명은 하나님께서 주셨지만 그 생명을 서로 지켜 성장시키라고 하셨다. 그런데 우리는 그 한 사람, 내 곁에 있는 한 사람에게 너무 인색하다. 사랑은 적당한 대상을 발견하는 것이 아니라 이미 내 곁에 보내진 사람을 사랑하는 것이다.

주님은 보이는 사람을 사랑하지 못하면서 보이지 않는 하나님을 사랑할 수 있느냐고 우리의 가슴을 '콕' 찌르신다. 예수님이 성도에게 물으셨다. 하나님께 드리기 위해 헌금을 떼어놓았기 때문에 빈곤한 부모에 대해 모른 척한다면 그게 옳은 것일까? 우리의 양심이 우리를 '콕' 찌르므로 알고 있겠지만, 그 답은 마가복음 7장 9-13절에 있다.

지저스 스푼은 엄청난 일을 하는 사람들이 아니다. 작은 자 하나에게 냉수 한 그릇을 주는 자(마 10:42)이다. 내 가까이 있는 그 사람을 지키는 것이다.

"내가 그를 지키는 자입니까?"

이렇게 하나님께 들이대면 곤란하다.

에리히 프롬은 《사랑의 기술》에서 이렇게 말했다.

"내가 진정 한 사람을 사랑한다면 나는 모든 사람을 사랑하고 세계를 사랑하고 인생을 사랑하게 된다. 가령 내가 누군가에게 '나는 당신을 사랑한다'라고 말할 수 있다면, '나는 당신을 통해 모든 사람을 사랑하고, 당신을 통해 세계를 사랑하고, 당신을 통해 나 자신도 사랑한다'라고 말할 수 있어야 한다."

그는 우리가 사랑에서 실패하는 이유가 실패의 원인을 가려내고 사랑의 의미를 배우지 않으려 하기 때문이라고 했다. 나는 에리히 프롬의 말에 동의한다. 사랑은 우연한 행운처럼 오는 긍정적인 감정이 아니다. 사랑은 배워야 하는 것이다.

예수님은 공생애 기간 동안 제자들에게 사랑하는 법을 가르치셨다. 일흔 번씩 일곱 번을 용서하는 법, 굶주리고 병든 자들을 사랑하는 법, 손가락질 당하는 왕따들을 사랑하는 법, 교만한 자를 어떻게 사랑하는지, 얼마나 인내하고 어떻게 참아야 하는지를 말씀으로, 실천으로 가르치셨다. 예수님이 자신을 십자가에 못 박는 원수를 어떻게 사랑하셨는지, 함께 십자가에 달린 강도를 어떻게 사랑하셨는지 보며 제자들은 배웠다. 그럼에도 우리는 사랑을 감정으로만 생각하고 의지를 갖고 배우려 하지 않는다. 자신이 예수님의 제자라고 하면서도.

예수님의 제자들은 스스로 예수님의 훈련에 참여한 사람들이다. 그들은 사랑의 훈련을 받았다. 우리에게 '훈련'이라는 말은 그리 달갑지 않다. 우리는 편히 살고 싶으니까. 예수님의 제자들은 산이나 들이나 예수님이 가시는 곳이면 어디든지 자원해서 따라다니며 훈련을 받았다. 그들은 자기 생활에 얽매일 수 없는 병사처럼, 법대로 경기를 해야 하는 경기자로, 때로는 수고하는 농부처럼(딤후 2:3-6)처럼 훈련을 따랐다. 대단하다. 3박4일 신앙수련회도 안 가려고 꽁무니를 빼는 우리를 보면.

사랑의 훈련은 너를 위해 나를 내어놓는 시간이다. 아무리 바빠도 누군가를 위해 수고를 해야 하는 시간이다. 사랑은 이런 훈련을 즐겁게 받기로 작정하는 것이다.

사랑의 훈련은 관심과 집중이다. 예수님의 관심은 오직 하나님께 있었다. 예수님은 따르는 무리가 아무리 많아도, 아무리 피곤해도 하나님께 집중하기 위해 조용히 산에 올라가 기도하셨다. 집중하여 하나님의 이야기를 듣기 위해 하나님과 자신에게 집중하셨다(마 14:23).

아무리 무리가 많아도 당신 곁의 사람에게 집중해야 한다. 눈 맞춤을 할 시간을 내야 하고, 들어줄 귀를 열어야 한다. 그것은 '내가 너를 받아들인다'라는 뜻이다. '하나'라는 일체감이다. 부모와 한 번의 눈 맞춤을 하기 위해 30년의 세월을 기다리다 죽음 직전에 한 번 눈을 맞춘 사람도 있고, 내 이야기를 들어줄 사람이 아무도 없었다는 촌로의 사그라진 체념도 있다. 혹 지금 내 곁에서 내 눈길과 귀 기울여줌을 기다리는 사람은 없는가?

사랑은 참아주는 것이기도 하다. 예수님은 믿음이 없고 패역한 세대를 참아주셔야 했다. 그들에게 주님은 "내가 얼마나 너희와 함께 있으며 얼마나 너희에게 참으리요"(마 17:17)라고 하셨다. 예수님도 인내에 힘이 필요하셨나 보다. 그래도 그들의 요구를 참고 들어주셨다.

우리의 믿음 없음과 패역함을 참아주셨으니, 이제는 그 사랑의 빚을 갚아야 할 것 같다. 우리를 힘들게 하면서도 그것조차 모르는 아무개, '일흔 번씩 일곱, 일곱' 하며 마음을 다스려도 참을 수 없게 하는 아무개라도 인내하면서.

누구나 걸음마를 배우면서 수천 번을 넘어진다고 하니, 그의 때가 있다는 것을 기대하고 내 눈만 옳지 않다는 객관성을 기르는 것도, 그리고 가능성을 믿어주는 힘을 기르는 것도 사랑의 훈련 덕목이다.

지저스 스푼은 사랑의 훈련에 익숙하다. 누군가의 생명을 빛나게 하고 복되게 하려는 사람이다. 한 사람을 사랑하는 것이 지구를 사랑하는 것이라는 믿음으로 작은 실천을 하는 것이다. 소금이 밖에 버려져 밟히지 않도록, 빛이 빛을 잃지 않도록 지키는 사람이다.

" 나는 지저스 스푼입니다 "

사람들은 내가 글을 쉽게 쓴다고 생각한다. 사십 여 권 이상의 책을 출판했고 지금도 매년 한 권씩은 책을 집필하고 있어서 그런 것 같다. 하지만 나는 사실 책을 쉽게 쓰지 못한다. 글을 쓰기 시작하면 신경이 날카로워져서 잠을 제대로 자지 못하고 여기저기 탈이 난다. 이번 책을 쓰는 동안에도 내 팔에는 파스가 덕지덕지 붙었고, 식도 역류를 막기 위한 약봉지도 늘 내 앞에 놓여 있었다.

사실 나는 지난 번 책을 집필한 이후 글을 쓴다는 데 회의를 느꼈다. 힘들게 쓴 책에 독자들의 반응이 신통치 않으면 작가들은 맥이 빠진다. 지인 몇 명이 모인 자리에서는 이제 글을 쓰지 말아야겠다는 말도 했다. 그런데 그날 모임에 늦게 도착한 지인이 앉자마자 자신의 교회에서 어느 집사가 《너희 자녀를 위해 울라》를 읽고 간증을 했다고 했다. 아이 둘 키우기가 너무 힘들어 우울증까지 생겼는데, 그 책을 읽고 다시 힘을 얻었다고 했단다. 며칠 후엔 다른 지인에게서 전화가 왔다. 어느 목사님이 SNS에서 《하나님 자녀 교육》은 자신이 늘 옆에 두고 읽어야 할 책이라고 극찬했다는 것이다. 감사했다.

그럼에도 나는 여전히 글을 쓰고 싶지는 않았다. 모든 것이 시들했다. 영상 시대이니 글보다는 유튜브를 해볼까 생각했지만 그것도 그리 내키지는 않았다. 그러던 어느 날 '지저스 스푼'이라는 한 마디가 내 마음에 꽂혀 버렸고, 아무 구상이나 계획도 없이 이 책을 써내려가기 시작했다.

집필 중에 신기하게도 글을 쓰는 것이 내 사명이라는 것을 다시 깨닫게 되었다. 나는 예수 그리스도를 영접하고 호된 영적 훈련을 받았다. 그런 과정들을 통해 깨닫게 된 것들이 늘 내 글의 주제가 되었다. 나는 문서로 선교하겠노라고 주님에게 고백한 적도 있었다. 그런데 그 절실함이 무뎌졌던 것 같다.

이 책을 쓰는 내내 사명을 생각했다. 문서 선교의 좋은 동역자로 규장의 여진구 대표와 묶어주신 것도 감사했고, 사명 받은 자는 잠잠히 따를 수밖에 없다는 생각도 들었다.

도끼가 어찌 찍는 자에게 스스로 자랑하겠으며 톱이 어찌 켜는 자에게 스스로 큰 체하겠느냐 이는 막대기가 자기를 드는 자를 움직이려 하며 몽둥이가 나무 아닌 사람을 들려 함과 같음이로다 사 10:15

수저에 불과한 내가 또 주님을 들려 한 것 같았다.

나는 이 책이 많은 독자에게 읽혔으면 좋겠다. 이분법적 논리가 세상에 만연한 이때, 그 탁류에 쓸려 가는 크리스천들을 향해 손을 내미는 심정이다. '크리스천'이라는 정체성에 대해 다시 한 번 생각해보았으면 좋겠다. 우리는 금수저도, 흙수저도 아니다. '지저스 스푼'(예수 수저)이다. 온 교회에 "나는 지저스 스푼이다"라는 고백이 활기차게 퍼져 나갔으면 좋겠다. 그것이 교회의 새로운 문화 운동처럼 번졌으면 좋겠다.

성령님의 이끄심에 감사를 드린다. 그리고 선한교회 목사님과 성도들, 언제나 다정한 규장 가족, 열렬한 중보기도와 좋은 비평가인 큰 동생 오재훈 집사와 우리 가족 모두 감사드린다.

지저스 스푼

초판 1쇄 발행	2021년 3월 29일
지은이	오인숙
펴낸이	여진구
책임편집	이영주 정선경
편집	최현수 안수경 최은정 김아진 정아혜
책임디자인	조아라 노지현	마영애 조은혜
기획·홍보	김영하
마케팅	김상순 강성민 허병용
제작	조영석 정도봉

해외저작권	기은혜
마케팅지원	최영배 정나영
경영지원	김혜경 김경희

303비전성경암송학교 유니게과정 박정숙 최경식
이슬비전도학교 / 303비전성경암송학교 / 303비전꿈나무장학회 어운학

펴낸곳	규장

주소 06770 서울시 서초구 매헌로 16길 20(양재2동) 규장선교센터
전화 02)578-0003   팩스 02)578-7332
이메일 kyujang0691@gmail.com   홈페이지 www.kyujang.com
페이스북 facebook.com/kyujangbook   인스타그램 instagram.com/kyujang_com
카카오스토리 story.kakao.com/kyujangbook
등록일 1978.8.14. 제1-22

ⓒ 저자와의 협약 아래 인지는 생략되었습니다.
이 출판물은 저작권법에 의해 보호를 받는 저작물이므로 무단 전재와 무단 복제를 할 수 없습니다.

책값 뒤표지에 있습니다.
ISBN 979-11-6504-192-2 03230

규 | 장 | 수 | 칙

1. 기도로 기획하고 기도로 제작한다.
2. 오직 그리스도의 성품을 사모하는 독자가 원하고 필요로 하는 책만을 출판한다.
3. 한 활자 한 문장에 온 정성을 쏟는다.
4. 성실과 정확을 생명으로 삼고 일한다.
5. 긍정적이며 적극적인 신앙과 신행일치에의 안내자의 사명을 다한다.
6. 충고와 조언을 항상 감사로 경청한다.
7. 지상목표는 문서선교에 있다.